www.ingramcontent.com/pod-product-compliance
Lightning Source LLC
LaVergne TN
LVHW010330070526
838199LV00065B/5715

روشنی، اے روشنی

(مجموعہ کلام)

شکیب جلالی

© Shakeb Jalali
Raushni aye Raushni *(Poetry)*
by: Shakeb Jalali
Edition: December '2024
Publisher :
Taemeer Publications LLC (Michigan, USA / Hyderabad, India)

ISBN 978-93-6908-579-8

9 789369 085798

مصنف یا ناشر کی پیشگی اجازت کے بغیر اس کتاب کا کوئی بھی حصہ کسی بھی شکل میں بشمول ویب سائٹ پر اپ لوڈنگ کے لیے استعمال نہ کیا جائے۔ نیز اس کتاب پر کسی بھی قسم کے تنازع کو نمٹانے کا اختیار صرف حیدرآباد (تلنگانہ) کی عدلیہ کو ہو گا۔

© شکیب جلالی

کتاب	:	روشنی اے روشنی (مجموعہ کلام)
مصنف	:	شکیب جلالی
صنف	:	شاعری
ناشر	:	تعمیر پبلی کیشنز (حیدرآباد، انڈیا)
سالِ اشاعت	:	۲۰۲۴ء
صفحات	:	۱۶۰
سرورق ڈیزائن	:	تعمیر ویب ڈیزائن

روشنی اے روشنی (شاعری) — شکیب جلالی

حرفِ آغاز

اس مجموعے کا نام "روشنی اے روشنی" خود شکیب مرحوم کا تجویز کردہ ہے۔

شکیب کے انتقال کے چند روز بعد ان کی بیوہ کی طرف سے مجھے کاغذات کا ایک انبار موصول ہوا جو شکیب کے کلام کے تراشوں اور ان کی چند نامکمل بیاضوں پر مشتمل تھا۔ ان کے مطالعے کے بعد مجھے محسوس ہوا کہ شکیب کے ابتدائی کلام کا انتخاب نہایت ضروری ہے ساتھ ہی مجھے یہ خدشہ بھی تھا کہ شکیب کے آغازی پانچ چھ برس کے کلام میں سے کوئی غزل یا نظم رہ نہ جائے۔ کیونکہ یہی وہ دور ہے جب شکیب کی شاعرانہ عظمت صورت پذیر ہونے لگی تھی۔ اس کام میں بہت دن صرف ہو گئے اس کے بعد ملکی حالات نے ایسا رُخ اختیار کیا کہ ماحول تحقیقی ادب کے کسی بھی مجموعے کی اشاعت کے لیے سازگار نہ رہا، چنانچہ روشنی اے روشنی کی اشاعت ملتوی ہوتی رہی۔ اب بھی اشاعتی اور طباعتی صورتِ حال کچھ ایسی ہمت افزا نہیں ہے۔ مگر شکیب کے مجموعۂ کلام کی اشاعت

روشنی اے روشنی (شاعری)   شکیب جلالی

میں مزید تاخیر ناقابلِ برداشت تھی اس لیے یہ مجموعہ شائع کیا جا رہا ہے۔ اس کے جملہ حقوقِ اشاعت واخذ و ترجمہ شکیب کی بیوہ محترمہ محمدہ خاتون کے حق میں محفوظ ہیں۔

قارئین سے التدعا ہے کہ اگر اس کے مطالعہ کے بعد انہیں محسوس ہو کہ شکیب کی کوئی اہم غزل یا نظم مجموعے میں شامل نہیں ہو سکی، تو اس کی نقل بھیج کر ممنون کریں تاکہ دوسری اشاعت میں یہ کمی پوری کر دی جائے۔

یکم جولائی ۱۹۷۳ء   احمد ندیم قاسمی
                                                                             مکتبہ فنون، ۷۴،انارکلی

فصیلِ جسم پہ تازہ لہُو کے چھینٹے ہیں
حدودِ وقت سے آگے نکل گیا ہے کوئی

روشنی، اے روشنی

(مجموعۂ کلام)

شکیب جلالی

روشنی اے روشنی (شاعری)   شکیب جلالی

ترتیب

غزلیں

1 ۔ لگے طلا نہ کبھی چاند، بخت ایسا تھا ، 13
2 ۔ آکے پتھر تو مرے حسن میں دو چار گرے ، 15
3 ۔ شبنم جو ڈوبتے سحر پر گلال ملنے لگی ، 17
4 ۔ وہی جھکی ہوئی ٹہنیں وہی دریچہ تھا ، 19
5 ۔ خزاں کے چاند نے پوچھا یہ جھک کے کھڑکی میں ، 21
6 ۔ وہ دوریوں کا رہ آب پر نشان کھلا ، 23
7 ۔ آیا ہے ہر چڑھائی کے بعد اک اُتار بھی ، 24
8 ۔ کنارِ آب کھڑا خود سے کہہ رہا ہے کوئی ، 26
9 ۔ در و کے موسم کا کیا ہوگا اثر انجام پر ، 28
10 ۔ میں شاخ سے اڑا تھا تاروں کی آس میں ، 30
11 ۔ ہم جنس اگر ملے نہ کوئی آسمان پر ، 32
12 ۔ غم دل حیطۂ تحریر میں آتا ہی نہیں ، 34
13 ۔ دل کی روشنیوں سے بھی ظلم ڈھائے بہت ، 36
14 ۔ تیز آندھی میں اُڑتے پر و بال کی طرح ، 38
15 ۔ جہاں تک بھی پہ مرا واکھانی دیتا ہے ، 39
16 ۔ پھر سن رہا ہوں گزرے زمانے کی چاپ کو ، 40
17 ۔ خموشی بول اُٹھے، ہر نظر پیغام ہو جائے ، 42
18 ۔ یادیں ہیں اپنے شہر کی اہلِ سفر کے ساتھ ، 44
19 ۔ اس بت کدے میں جو حسیں تر لگا مجھے ، 45
20 ۔ مرمر کے کالی جھیل میں گرتے چاند بھی دیکھ ، 46

۲۱ – ساحل تمامِ اشکِ ندامت سے اٹ گیا ، ۴۸
۲۲ – عشق پیشہ نہ رہے داؤ کے حقدار یہاں ، ۵۰
۲۳ – اتریں عجیب روشنیاں رات خواب میں ، ۵۲
۲۴ – کیا کہیے کہ اب اُس کی صدا تک نہیں آتی ، ۵۴
۲۵ – جب تک غمِ جہاں کے حوالے ہوئے نہیں ، ۵۶،
۲۶ – جلتے صحراؤں میں پھیلا ہوتا ، ۵۷
۲۷ – ملا نہیں اذن رقص جن کو کبھی تو وہ بھی شرار دیکھو ، ۶۰
۲۸ – غمِ الفت مرے چہرے سے عیاں کیوں نہ ہوا ، ۶۲
۲۹ – منظر تھا ایک اُبابتا، نگاہوں کے سامنے ، ۶۴
۳۰ – اب آپ ردِ دل کو کشادہ نہیں رکھتے ، ۶۵
۳۱ – جو بھی ہے حاصل ایک ذرّہ، اسے صحرا دے ، ۶۶
۳۲ – موج غم اس بے ثبات نہیں گزر ہی سر سے ، ۶۷
۳۳ – تو نے کیا کیا نذر اے زندگی دشتِ در میں پھرایا مجھے ، ۶۹
۳۴ – اُڑ گیا تن نازک سے لبستیوں کا لباس ، ۸۰
۳۵ – اس خاک داں میں اب تک باقی ہیں کچھ شرر سے ، ۸۱
۳۶ – ابھی تو نہیں فرصت کے دن رات ہیں ، ۸۲
۳۷ – آگ کے دریان سے نکلا ، ۸۳
۳۸ – وہ سلسلے تھا پھر بھی کہاں سامنا ہوا ، ۸۴
۳۹ – تارسے میں نزا مہتاب یار و ، ۸۵
۴۰ – سمجھ سکو تو یہ نقشہ بھی سمندر سے ، ۸۶
۴۱ – اب یہ ویران دن کیسے ہوگا بسر ، ۸۸
۴۲ – دستکیں دیتی ہیں شب کر دے دل پر یا دیں ، ۸۹
۴۳ – کون جانے کہاں ہے شہر سکوں ، ۸۰
۴۴ – کہاں ڈھونڈیں گے مسافر نئے نئے زمانوں کے ، ۸۱
۴۵ – موج صبا رواں محوئی، رقصِ جنوں بھی چاہیے ، ۸۲

۴۶ — آئینۂ مذہبات نہاں ہیں نزی آنکھیں ، ۸۳

۴۷ — پردۂ شب کی اوٹ میں زہرہ جمال کھو گئے ، ۸۴

۴۸ — رعنائی نگاہ کو قالب میں ڈھالیے ، ۸۵

۴۹ — ہوا نے شب سے نہ بجھتے ہیں اور نہ جلتے ہیں ، ۸۷

۵۰ — شاخوں بھری بہاروں رقص پرستنگی ، ۸۸

۵۱ — حسنِ فردا غمِ امروز سے ضو پائے گا ، ۸۹

۵۲ — مجھ سے ملنے شبِ غم اور تو کون آئے گا ، ۹۰

۵۳ — نا نندِ صبا بدھر گئے ہم ، ۹۱

۵۴ — سالِ ماسے دور جب کبھی کوئی خواب دیکھتے ، ۹۳

۵۵ — پیٹے چشموں سے خنک چھاؤں سے دور ، ۹۴

۵۶ — کچھ دن اگر میں رہا دیوار و در کا رنگ ، ۹۶

۵۷ — ہر ایک بات ہے مشتِ کشِ زباں لوگو ، ۹۷

۵۸ — ہم آج ہیں پھر ملول یار و ، ۹۸

۵۹ — باقی ہے یہی ایک نشان موسمِ گل کا ، ۹۹

۶۰ — پاس رہ کر بھی بہت دور ہیں دوست ، ۱۰۰

۶۱ — کوئی دیکھے تو سہی یار طرحدار کا شہر ، ۱۰۱

۶۲ — دیکھتی رہ گئی محرابِ حرم ، ۱۰۳

۶۳ — دنیا والوں نے چاہت کا مجھ کو صلہ انمول دیا ، ۱۰۴

۶۴ — برگِ دل کی طرح ہے زرد ہوا ، ۱۰۶

۶۵ — روشن ہیں دل کے داغ نہ آنکھوں کے شب چراغ ، ۱۰۷

۶۶ — یہ جلوہ گاہِ ناز نگاہ تشائیوں سے ہے ، ۱۰۹

۶۷ — دل میں لرزاں ہے تر اشعلۂ رخسار اب تک ، ۱۱۰

۶۸ — دشت و صحرا اگر بسائے ہیں ، ۱۱۱

۶۹ — جس قدر خود کو وہ چھپاتے ہیں ، ۱۱۲

۷۰ — چوٹ ہر گام پہ کھا کر جانا ، ۱۱۳

روشنی اے روشنی (شاعری) شکیب جلالی

نظمیں

۱ – پاداش، ۱۱۴
۲ – اندمال، ۱۱۹
۳ – جہت کی تلاش، ۱۲۱
۴ – دلاسا، ۱۲۳
۵ – یاد، ۱۲۵
۶ – جاگتی آنکھیں، ۱۲۶
۷ – گریز پا، ۱۲۸
۸ – لرزتا دیپ، ۱۲۹
۹ – سفیر، ۱۳۱
۱۰ – انفرادیت پرست، ۱۳۲
۱۱ – عکس ادریس، ۱۳۳
۱۲ – دعوتِ فکر، ۱۳۵
۱۳ – زاویے، ۱۳۶
۱۴ – بہارا دور، ۱۳۷
۱۵ – شہرِ گل، ۱۳۹
۱۶ – خداوندانِ جمہور سے، ۱۴۱
۱۷ – نئی کرن، ۱۴۳
۱۸ – جشنِ عید، ۱۴۵
۱۹ – لہو ترنگ، ۱۴۷
۲۰ – عید کی پیک، ۱۵۰
۲۱ – بنام اہلِ چمن، ۱۵۲

متفرق اشعار، ۱۵۴

○

گلے ملا نہ کبھی چاند، بخت ایسا تھا
ہرا بھرا بدن اپنا درخت ایسا تھا

ستارے سسکیاں بھرتے تھے اوس روتی تھی
فسانۂ جگرِ لخت لخت ایسا تھا

ذرا نہ موم ہوا پیار کی حرارت سے
پگھل کے ٹوٹ گیا، دل کا سخت ایسا تھا

یہ اور بات کہ وہ لب تھے پھول سے نازک
کوئی نہ سہہ سکے، لہجہ کرخت ایسا تھا

۱۳

کہاں کی سیر نہ کی توسنِ تخیل پر
ہمیں تو یہ بھی سلیماں کے تخت ایسا تھا

اِد ھر سے گزرا تھا ملکِ سخن کا شہزادہ
کوئی نہ جان سکا، ساز و رخت ایسا تھا

۱۵

آکے پتھر تو مرے صحن میں دو چار گرے
بجھتے اس پیڑ کے پھل تھے پس دیوار گرے

ایسی دہشت ستی فضاؤں میں کھلے پانی کی
آنکھ جھپکی بھی نہیں ہاتھ سے پتوار گرے

مجھے گرنا ہے تو میں اپنے ہی قدموں میں گروں
جس طرح سایۂ دیوار پہ دیوار گرے

تیر گی چھوڑ گئے دل میں اجالے کے خطوط
یہ ستارے مرے گھر ٹوٹ کے بیکار گرے

کیا ہوا ہاتھ میں تلوار یلے پھسر تی تھی
کیوں مجھے ڈھال بنانے کو یہ چنار گرے

دیکھ کر اپنے در و بام، لرز جاتا ہوں
میرے ہمسائے میں جب بھی کوئی دیوار گرے

روشنی اے روشنی (شاعری) — شکیب جلالی

وقت کی ڈور خدا جانے کہاں سے ٹوٹے
کس گھڑی سر پہ یہ لٹکی ہوئی تلوار گرے

ہم سے ٹکرا گئی خود برہنے کے اندیشے کی چٹان
ہم سنبھل کر جو بہت چلتے تھے ناچار گرے

کیا کہوں دیدۂ تر، یہ تو مرا چہرہ ہے
سنگ کٹ جاتے ہیں، بارش کی جہاں دھار گرے

ہاتھ آیا نہیں کچھ رات کی دلدل کے سوا
ہائے کس موڑ پہ خوابوں کے پرستار گرے

وہ تجلی کی شعاعیں تھیں کہ جلتے ہوئے تیر
آئینے ٹوٹ گئے، آئنہ بردار گرے

دیکھتے کیوں ہو شکیب اتنی بلندی کی طرف
نہ اُٹھایا کرو سر کہ یہ دستار گرے

۱۷

○

شفق جو رُوئے سحر پر گلال ملنے لگی
یہ بستیوں کی فضا کیوں دھواں اُگلنے لگی

اسی لیے تو ہوا رو پڑی درختوں میں
ابھی میں کھل نہ سکا تھا کہ رُت بدلنے لگی

اُتر کے ناؤ سے بھی کب سفر تمام ہوا
زمیں پہ پاؤں دھرا تو زمین چلنے لگی

کسی کا جسم اگر چھو لیا خیال میں بھی
تو پور پور مری، مثلِ شمع جلنے لگی

میں ناپتا چلا قدموں سے اپنے سائے کو
کبھی جو دشتِ مسافت میں دھوپ ڈھلنے لگی

میری نگاہ میں خواہشِ کاشانہ بھی نہ تھا
یہ برف کی تہے چہرے پر کیوں پگھلنے لگی

ہوا چلی سرِ صحرا، تو یوں لگا، جیسے
ردائے شام مرے دوش سے پھسلنے لگی

کہیں پڑا نہ ہو پر تو بہارِ رفتہ کا
یہ سبز بوندی پلکوں پر کیسا مچلنے لگی

نہ جانے کیا کہا اس نے بہت ہی آہستہ
فضا کی ٹھہری ہوئی سانس پھر سے چلنے لگی

جو دل کا زہر تھا کاغذ پہ سب بکھیر دیا
پھر اپنے آپ طبیعت مری سنبھلنے لگی

جہاں شجر یہ لگا تھا تبر کا زخم شکیب
وہیں پہ دیکھ لے، کونپل نئی نکلنے لگی

۱۹

○

وہی جھلکی ہوئی بیلیں، وہی دریچہ کھلا
مگر وہ پھول سا چہرہ نظر نہ آتا تھا

میں لوٹ آیا ہوں خاموشیوں کے صحرا سے
وہاں بھی تیری صدا کا غبار پھیلا تھا

قریبِ نہر رہا تھا بطوں کا اک جوڑا
میں آبجو کے کنارے اداس بیٹھا تھا

شبِ سفر تھی، قبا تیرگی کی پہنے ہوئے
کہیں کہیں پہ کوئی روشنی کا دھبا تھا

بنی نہیں جو کہیں پر، کلی کی تُربت تھی
سنا نہیں جو کسی نے، ہوا کا نوحہ تھا

یہ آڑی ترچھی لکیریں بنا گیا ہے کون
میں کیا کہوں مرے دل کا ورق تو سادہ تھا

میں خاکداں سے نکل کر بھی کیا ہوا آزاد
ہر اک طرف سے مجھے آسماں نے گھیرا تھا

اُتر گیا ترے دل میں تو شعر کہلایا
میں اپنی گونج تھا اور گنبد وہیں بنا تھا

اِدھر سے بادہ گزرا مگر تجسّہ نہ ہوئی
کہ زیرِ سنگ خنک پانیوں کا چشمہ تھا

وہ اس کا عکسِ بدن تھا کہ چاندنی کا کنول
وہ نیلی جھیل تھی یا آسماں کا ٹکڑا تھا

میں مسئلوں میں اُتر کر شکیبؔ کیا لیتا
ازل سے نام مرا پانیوں پہ لکھا تھا

خزاں کے چاندنے نے پوچھا یہ جھک کے کھڑکی میں
کبھی چراغ بھی جلتا ہے اس حویلی میں؟

یہ آدمی ہیں کہ سائے ہیں آدمیت کے
گزر ہوا ہے مرا کسی اجاڑ بستی میں

جھکی چٹان، پھسلتی گرفت، جھولتا جسم
میں اب گرا ہی گرا تنگ و تار گھاٹی میں

زمانے بھرے نرالی ہے آپ کی منطق
ندی کو پار کیا کس نے الٹی کشتی میں

جلائے کیوں؟ اگر اتنے ہی قیمتی تھے خطوط
کریدتے ہو عبث راکھ اب انگیٹھی میں

۲۲

عجیب نہیں جو اُگیں یاں درخت پانی کے
کہ اشک بوئے ہیں شب بھر کسی نے دھرتی میں

مری گرفت میں آ کر بجل گئی ہے تسلی
پروں کے رنگ مگر رہ گئے ہیں مٹھی میں

چلو گے ساتھ مرے آگہی کی سرحد تک؟
یہ رہگزار اُترتی ہے گہرے پانی میں

میں اپنی بے خبری سے شکیبؔ اقدس ہوں
بتاؤ بیچ میں کتنے تمہاری گڑھی میں

۲۳

وہ دُودکا رۂ آب پر نقشِ پا کھلا
وہ رینگنے لگی کشتی، وہ بادبان کھلا

مرے ہی کان میں سرگوشیاں سکوت نے کیں
مرے سوا بھی کسی سے یہ بے زبان کھلا

سمجھ رہا تھا ستارے جھپیں، وہ آنکھیں ہیں
مری طرف نگراں ہیں کمیں بہ جاں کھلا

مرا خزانہ ہے محفوظ میرے سینے میں
میں سو رہوں گا یونہی چھوڑ کر مکان کھلا

ہر آن میرا نیا رنگ ہے نیا چہرہ
دو بھید ہوں جو کسی سے نہ میری جاں کھلا

جزا کہیں کہ سزا اس کو بال و پر دے لے
زمیں سکڑتی گئی، جتنا آسمان کھلا

لہو لہو ہوں سلاخوں سے سر کو ٹکرا کر
شکیبؔ بابِ قفس کیا کھلا، کسی آن کھلا

روشنی اے روشنی (شاعری)   شکیب جلالی

۲۴

○

آیا ہے ہر چڑھائی کے بعد اک اُتار بھی
پستی سے ہمکنار ملے کو ہے سہارا بھی

آخر کو تھک کے بیٹھ گئی اک مقام پر
کچھ دور میرے ساتھ چلی رہگزار بھی

دل کیوں دھڑکنے لگتا ہے اُبھرے جو کوئی آہٹ
اب تو نہیں کسی کا مجھے انتظار بھی

جب بھی سکوتِ شام میں آیا ترا خیال
کچھ دیر کو ٹھہر سا گیا آبشار بھی

کچھ ہو گیا ہے دھوپ سے خاکستری بدن
کچھ جم گیا ہے راہ کا مجھ پر غبار بھی

۲۵

اِن فاصلوں کے دشت میں رہبر وہی بنے
جس کی نگاہ دیکھ لے صدیوں کے پار بھی

اے دوست! پہلے قرب کا نشّہ عجیب تھا
میں سُن سکا نہ اپنے بدن کی پکار بھی

رستہ بھی واپسی کا کہیں بن میں کھو گیا
اوجھل ہوئی نگاہ سے پروں کی ڈار بھی

کیوں رو رہے ہو راہ کے اِن دیے چراغ کو!
کیا بجھ گیا ہوا سے لہو کا شرار بھی؟

کچھ عقل بھی ہے باعثِ توقیر اے شکیبؔ
کچھ آ گئے ہیں بالوں میں چاندی کے تار بھی

روشنی اے روشنی (شاعری) — شکیب جلالی

کنارِ آب کھڑا خود سے کہہ رہا ہے کوئی
گماں گزرتا ہے یہ شخص دوسرا ہے کوئی

ہوا نے توڑ کے پتہ زمیں پہ پھینکا ہے
کہ شب کی جھیل میں پتھر گرا دیا ہے کوئی

بُھلا سکے ہیں پڑوسی کسی کا درد کبھی!
یہی بہت ہے کہ چہرے سے آشنا ہے کوئی

درخت راہ بتائیں ہلا ہلا کر ہاتھ
کہ قافلے سے مسافر بچھڑ گیا ہے کوئی

چھڑ کے ہاتھ بہت دور بہہ گیا ہے چاند
کسی کے ساتھ سمندر میں ڈوبتا ہے کوئی

۲۷

یہ آسمان سے ٹوٹا ہوا ستارہ ہے
کہ دشتِ شب میں بھٹکتی ہوئی صدا ہے کوئی

مکان اور نہیں ہے بدل گیا ہے بہت
افق وہی ہے مگر چاند دوسرا ہے کوئی

فصیلِ جسم پہ تازہ لہو کے چھینٹے ہیں
حدودِ وقت سے آگے نکل گیا ہے کوئی

شکیبؔ دیپ سے لو اٹھائیے میں پلکوں پر
دیارِ چشم میں کیا آج رت جگا ہے کوئی!

درد کے موسم کا کیا ہوگا اثر انجان پر
دوستو پانی کبھی رکتا نہیں ڈھلوان پر

آج تک اس کے تعاقب میں نکلے ہیں وہ
ابر کا ٹکڑا کبھی برسا تھا ریگستان پر

میں جو پربت پر چڑھا، وہ اور اونچا ہو گیا
آسماں جھکتا نظر آیا مجھے میدان پر

کمرے خالی ہو گئے، سایوں سے آنگن بھر گیا
ڈوبتے سورج کی کرنیں جب پڑیں دالان پر

اب یہاں کوئی نہیں ہے، کس سے باتیں کیجیے
یہ گم صم چپ چاپ سی تصویر آتشدان پر

۲۹

آج بھی شاید کوئی پھولوں کا تحفہ بھیج دے
تتلیاں منڈلا رہی ہیں کانچ کے گلدان پر

بس پہلے تو اپنی عریانی کو اس سے ڈھانپ لوں
نیلی چادر سی تنی ہے جو کھلے میدان پر

وہ خموشی انگلیاں تنجھار ہی تھی اے شکیب
یا کہ بوندیں ناچ رہی تھیں رات روشندان پر

روشنی اے روشنی (شاعری) — شکیب جلالی

○

میں شاخ سے اڑا تھا ستاروں کی آس میں
مرجھا کے آ گرا ہوں مگر سرد گھاس میں

سوچو تو سلوٹوں سے بھری ہے تمام روح
دیکھو تو اک شکن بھی نہیں ہے لباس میں

صحرا کی بود و باش ہے، اچھی نہ کیوں لگے
سوکھی ہوئی گلاب کی ٹہنی گلاس میں

چبھے نہیں نظر میں ابھی نقش دُور کے
مصروف ہوں ابھی عملِ انعکاس میں

دھوکے سے اس حسیں کو اگر چوم بھی لیا
پاؤ گے دل کا زہر لبوں کی مٹھاس میں

۳۱

تارہ کوئی ردائے شبِ ابر میں نہ تھا
بیٹھا تھا میں اداس بیابان کیسے میں

جھوٹے روانِ دشت! ابھی سوکھنا نہیں
سادن ہے دُور اور وہی شدت کے پیاس میں

رہتا تھا سامنے ترا چہرہ کھُلا ہوا
پڑھتا تھا میں کتاب یہی ہر کلاس میں

کانٹوں کی باڑ پھاند گیا تھا مگر شکیبؔ
رستہ نہ مل سکا مجھے پھولوں کی باس میں

شکیب جلالی روشنی اے روشنی (شاعری)

۳۲

◯

ہم جنس اگر ملے نہ کوئی آسمان پر
بہتر ہے خاک ڈال ایسی اڑان پر

آ کر گرا ہے کوئی پرندہ لہو میں تر
تصویر اپنی چھوڑ گیا ہے چٹان پر

پوچھو سمندروں سے کبھی خاک کا پتہ
دیکھو ہوا کا نقش کبھی بادبان پر

یارو میں اُس نظر کی بلندی کو کیا کروں
سایہ بھی اپنا دیکھتا ہوں آسمان پر

کتنے ہی زخم ہیں مرے اک زخم میں چھپے
کتنے ہی تیر آنے لگے اک نشان پر

۳۳

جل تھل ہوئی تمام نہیں آس پاس کی
پانی کی بوند بھی نہ گری سائبان پر

ملبوس خوشنما ہیں مگر جسم کھوکھلے
چھلکے سجے ہوں جیسے پھلوں کی دکان پر

سایہ نہیں تھا نیند کا آنکھوں میں دُور تک
بکھرے ہوئے تھے روشنی کے نگیں آسمان پر

حق بات آکے رک سی گئی تھی کبھی ترکیبِ
چھالے پڑے ہوئے ہیں ابھی تک زبان پر

روشنی اے روشنی (شاعری) — شکیب جلالی

غمِ دل حیطۂ تحریر میں آتا ہی نہیں
جو کناروں میں سمٹ جائے وہ دریا ہی نہیں

اوس کی بوندوں میں بکھرا ہوا منظر بھی سہی
سب کا اِس دو دیں بے حال ہے میرا ہی نہیں

برق کیوں ان کو جلانے پہ کمر بستہ ہے
میں تو چھاؤں میں کسی پیڑ کی، بیٹھا ہی نہیں

اک کرن نغمہ کے میں دھوپ نگر تک پہنچا
کونسا عرش ہے جس کا کوئی زینہ ہی نہیں

کوئی بھولا ہوا چہرہ نظر آئے شاید
آئنہ غور سے تو نے کبھی دیکھا ہی نہیں

بوجھ لمحوں کا، ہر اک سر پہ اٹھائے گزرا
کوئی اس شہر میں ستانے کو ٹھہرا ہی نہیں

سایہ کیوں جل کے ہوا خاک، تجھے کیا معلوم
تو کبھی آگ کے دریاؤں میں اترا ہی نہیں

موتی کیا کیا نہ پڑے ہیں ترے دریا میں لیکن
برف لہروں کی، کوئی توڑنے والا ہی نہیں

اس کے پردوں پہ منقش تری آواز بھی ہے
خانۂ دل میں فقط تیرا سراپا ہی نہیں

عادلِ راہ تھے کتنے ہی ہوا کے پربت
تو وہ بادل کہ مرے شہر سے گزرا ہی نہیں

یاد کے دائرے کیوں پھیلتے جاتے ہیں شکیبؔ
اس نے تالاب میں کنکر ابھی پھینکا ہی نہیں

وہاں کی روشنیوں نے بھی ظلم ڈھائے بہت
میں اس گلی میں اکیلا تھا اور سائے بہت

کسی کے سر پہ کبھی ٹوٹ کر گرا ہی نہیں
اس آسماں سنے ہوا میں قدم جمائے بہت

نہ جانے رُت کا تصرف تھا یا نظر کا فریب
کلی وہی تھی مگر رنگ جھلملائے بہت

ہوا کا رُخ ہی اچانک بدل گیا ورنہ
مہک کے قافلے صحرا کی سمت آئے ہیں

یہ کائنات ہے میری ہی خاک کا ذرہ
میں اپنے دشت سے گزرا تو عجب پائے بہت

۳۷

جو موتیوں کی طلب نے کبھی اُداس کیا
تو ہم بھی راہ سے کنکر سمیٹ لائے بہت

بس ایک رات ٹھہرنا ہے، کیا گلہ کیجیے
مسافروں کو غنیمت ہے یہ سرائے بہت

جمی رہے گی نگاہوں پہ تیرگی دن بھر
کہ رات خواب میں تارے اُترکے آئے بہت

شکیبؔ کیسی اُڑان، اب وہ پر ہی ٹوٹ گئے
کہ زیرِ دام جب آئے تھے، پھڑپھڑائے بہت

روشنی اے روشنی (شاعری) — شکیب جلالی

تیز آندھیوں میں اُڑتے پر و بال کی طرح
رشتے گزشتنی ہے مرد و سال کی طرح
کہہ کر کہوں کہ درپۓ آزار ہے وہی
جو آسماں ہے سر پہ مرے ڈھال کی طرح
یوں بے سبب تو کوئی انہیں پوجتا نہیں
کچھ تو ہے پتھروں میں خد و خال کی طرح
کیا کچھ کیا نہ خود کو چھپانے کے واسطے
عریانیوں کو اوڑھ لیا شال کی طرح
اب تک مرا زمین سے رشتہ ہے استوار
رہنِ ستم ہوں سبزۂ پامال کی طرح
میں خود ہی جلوہ ریز ہوں، خود ہی نگاہِ شوق
شفاف پانیوں پہ جھلکی ڈال کی طرح
ہر موڑ پر ملیں گے کئی راہ زن شکیبؔ
چلیے چھپا کے غم بھی زر و مال کی طرح

۳۹

جہاں تلک بھی یہ صحرا دکھائی دیتا ہے
مری طرح سے اکیلا دکھائی دیتا ہے

نہ اتنی تیز چلے، سر پھری ہوا سے کہو
شجر پہ ایک ہی پتا دکھائی دیتا ہے

برا نہ مانیے لوگوں کی عیب جوئی کا
انہیں تو دن کا بھی سایا دکھائی دیتا ہے

یہ ایک ابر کا ٹکڑا کہاں کہاں برسے
تمام دشت ہی پیاسا دکھائی دیتا ہے

وہیں پہنچ کے گرائیں گے بادباں اب تو
وہ دُور کوئی جزیرا دکھائی دیتا ہے

روشنی اے روشنی (شاعری)   شکیب جلالی

۴۰

وہ الوداع کا منظر، وہ بھیگتی پلکیں
بہت سی غیب رہی میں کیا کیا دکھائی دیتا ہے

مری نگاہ سے چھپ کر کہاں رہے گا کوئی
کہ اب تو سنگ بھی شیشہ دکھائی دیتا ہے

سمٹ کے رہ گئے آخر پہاڑ سے قد بھی
زمیں سے سر کوئی اونچا دکھائی دیتا ہے

کھلی ہے دل میں کسی کے بدن کی تصویر عجب
ہر ایک پھول سنہرا دکھائی دیتا ہے

۳

○

پھر سن رہا ہوں گزرے زمانے کی چاپ کو
بھولا ہوا تھا دیر سے میں اپنے آپ کو
رہتے ہیں کچھ ملول سے چہرے پڑوس میں
اتنا نہ تیز کیجیے ڈھولک کی تھاپ کو
اشکوں کی ایک نہر تھی جو خشک ہو گئی
کیونکہ مٹا دوں دل سے تِرے غم کی چھاپ کو
کتنا ہی بے کنار سمندر ہو، پھر بھی دوست
رہتا ہے بے قرار ندی کے ملاپ کو
پہلے تو میری یاد سے آئی حیا انھیں
پھر آئینے میں چوم لیا اپنے آپ کو
تعریف کیا ہو قامتِ دلدار کی شکیب
تجسیم کر دیا ہے کسی نے الاپ کو

روشنی اے روشنی (شاعری) ۔۔۔ شکیب جلالی

۴۲

خموشی بول اُٹھے، ہر نظر پیغام ہو جائے
یہ سنّاٹا اگر حد سے بڑھے کہرام ہو جائے

ستارے مشعلیں لے کر مجھے بھی ڈھونڈنے نکلیں
میں رستہ بھول جاؤں، جنگلوں میں شام ہو جائے

میں وہ آدم گزیدہ ہوں جو تنہائی کے صحرا میں
خود اپنی چاپ سُن کر لرزہ بر اندام ہو جائے

۴۳

مثال ایسی ہے اس درِ خرد کے ہوشمندوں کی
نہ ہو د امن میں ذرّہ اور صحرا نام ہو جائے

شکیبؔ اپنے تعارف کے لیے یہ بات کافی ہے
ہم اس سے نیچے کے چلتے ہیں جو رستہ عام ہو جائے

۴۴

یادیں ہیں اپنے شہر کی، اہلِ سفر کے ساتھ
صحرا میں لوگ آئے ہیں دیوار و در کے ساتھ

منظر کو دیکھ کر پسِ منظر بھی دیکھیے
بستی نئی بسی ہے پرانے کھنڈر کے ساتھ

سائے میں جان پڑ گئی دیکھا جو عُور سے
مخصوص یہ کمال ہے اہلِ نظر کے ساتھ

اک دن ملا تھا بام پہ سورج کہیں جسے
الجھے ہیں اب بھی دھوپ کے ڈورے لگر کے ساتھ

اک یاد ہے کہ دامنِ دل چھوڑتی نہیں
اک بیل ہے کہ لپٹی ہوئی ہے شجر کے ساتھ

اس مرحلے کو موت بھی کہتے ہیں دوستو
اک پل میں ٹوٹ جائیں جہاں عمر بھر کے ساتھ

میری طرح یہ صبح بھی فنکار ہے شکیبؔ
لکھتی ہے آسماں پہ غزل اب زر کے ساتھ

اس بُت کدے میں تُو جو حسیں تر لگا مجھے
اپنے ہی اک خیال کا پیکر لگا مجھے

جب تک رہی جسمِ گرم میں لہو کی ذرا سی بوند
مٹھی میں اپنی بند سمندر لگا مجھے

مرجھا گیا جو دل میں اُبھارے کا سرخ پھول
تاروں بھرا یہ کھیت بھی بنجر لگا مجھے

اب یہ بتا کہ روح کے شعلے کا کیا ہے رنگ
مرمر کا یہ لباس تو سندر لگا مجھے

کیا جانیے کہ اتنی اداسی تھی رات کیوں
مہتاب اپنی قبر کا پتھر لگا مجھے

۳۶

آنکھوں کو بند کر کے بڑی روشنی ملی
مدھم تھا جو بھی نقش، اُجاگر لگا مجھے

یہ کیا کہ دل کے دیپ کی تُو ہی تراش لی
سوئج اگر ہے، کرنوں کی جھاڑ لگا مجھے

صدیوں میں طے ہوا تھا یاں کا رستہ
گلشن کو لوٹتے ہوئے پل بھر لگا مجھے

میں نے اُسے شریکِ سفر کر لیا شکیبؔ
اپنی طرح سے چاند جو بے گھر لگا مجھے

۴۷

○

مرجھا کے کالی جھیل میں گرتے ہوئے بھی دیکھ
سورج ہوں میرا رنگ مگر دن ڈھلے بھی دیکھ

ہر چند راکھ ہو کے بکھرنا ہے راہ میں
جلتے ہوئے پروں سے اڑا ہوں مجھے بھی دیکھ

عالم میں جس کی دھوم مچی، اس شاہکار پر
دیکھ نے جو لکھے کبھی وہ تبصرے بھی دیکھ

تو نے کہا نہ تھا کہ میں کشتی پہ بوجھ ہوں
آنکھوں کو اب نہ ڈھانپ، مجھے ڈوبتے بھی دیکھ

بچھتی تھیں جس کی راہ میں پھولوں کی چادریں
اب اس کی خاک گھاس کے پیروں تلے بھی دیکھ

کیا شاخ با ثمر ہے جو تکتا ہے فرش کو
نظریں اٹھا شکیبؔ، کبھی سامنے بھی دیکھ

۲۸

○

ساحل تمام اشکِ ندامت سے اَٹ گیا
دریا سے کوئی شخص تو پیاسا پلٹ گیا

لگتا تھا بے کراں مجھے صحرا میں آسماں
پہنچا جو بستیوں میں تو خانوں میں بٹ گیا

یا اتنا سخت جان کہ تلوار بے اثر
یا اتنا نرم دل کہ رگِ گُل سے کٹ گیا

بانہوں میں آ سکا نہ حویلی کا اک ستون
پُتلی میں میری آنکھ کی صحرا سمٹ گیا

اب کون جائے کوئے ملامت کو چھوڑ کر
قدموں سے آگے اپنا ہی سایہ پلٹ گیا

۴۹

گنبد کا کیا قصور، اُسے کیوں کہوں بُرا
آیا جدھر سے تیر، اُدھر ہی پلٹ گیا

رکھتا ہے خود سے کون عریفانہ کشمکش
میں تھا کہ رات اپنے مقابل ہی ڈٹ گیا

جس کی اماں میں ہوں، وہی اکثر گیا نہ ہو
بوندیں یہ کیوں برستی ہیں، بادل تو چھٹ گیا

وہ لمحۂ شعور جسے جانکنی کہیں
چہرے سے زندگی کے نقابیں اُلٹ گیا

ٹھوکر سے میرا پاؤں تو زخمی ہوا اِسے در
رستے میں جو کھڑا تھا وہ کسا رہ ٹ گیا

اک حشر سا بپا تھا مرے دل میں اے شکیبؔ
کھولیں جو کھڑکیاں تو ذرا شور گھٹ گیا

عشق پیشہ نہ رہے داد کے حقدار یہاں
پیش آتے ہیں رعونت سے جفاکار یہاں

سر پٹک کر درِ زنداں پہ صبا نے یہ کہا
ہے دریچہ، نہ کوئی روزنِ دیوار یہاں

عہد و پیمانِ وفا، پیار کے نازک بندھن
توڑ دیتی ہے زر و سیم کی جھنکار یہاں

ننگ و ناموس کے بکتے ہوئے انمول رتن
لب و رُخسار کے سجتے ہوئے بازار یہاں

سرخئ دامنِ گُل کس کو میسر آئی
اپنے ہی خوں میں نہائے لب و رُخسار یہاں

۵۱

کشتیٔ زیست سلامت ہے نہ پتوار یہاں
موج در موج ہیں سو رنگ کے منجدھار یہاں

ہمسفر چھوٹ گئے، راہنما رو ٹھ گئے
یوں بھی آسان ہوئی منزلِ دشوار یہاں

تیرگی ٹوٹ پڑی، زور سے بادل گرجا
بجھ گئی سہم کے قندیلِ رُخِ یار یہاں

کتنے طوفان اُٹھے، کتنے ستارے ٹوٹے
پھر بھی ڈوبا نہیں اب تک دلِ بیدار یہاں

میرے زخم کعبۂ پا چومنے آئے گی بہار
میں اگر مر بھی گیا، آدمی پڑھ جار یہاں

اتریں عجیب روشنیاں رات خواب میں
کیا کیا نہ عکس تیرے رہے تھے سراب میں

کب سے ہیں ایک حرف پہ نظریں جمی ہوئی
وہ پڑھ رہا ہوں جو نہیں لکھا کتاب میں

پانی نہیں کہ اپنے ہی چہرے کو دیکھ لوں
منظر زمیں کے ڈھونڈتا ہوں ماہتاب میں

پھر تیرگی کے خواب سے چونکا ہے راستہ
پھر روشنی سی دوڑ گئی ہے سحاب میں

کب تک بہے گا روح پہ پیراہن بدن
کب تک نمو اسیر رہے گی حجاب میں

یوں آئنہ بدست ملی پربتوں کی برف
شہر کے دھوپ لٹ گئی آفتاب میں

۵۳

جینے کے ساتھ موت کا ڈر ہے لگا ہوا
خشکی دکھائی دی ہے سمندر کو خواب میں

گزری ہے بار بار مرے سر سے مج خشک
ابھرا ہوں ڈوب ڈوب کے تصویرِ آب میں

اک یاد ہے کہ چھین رہی ہے لبوں سے جام
اک عکس ہے کہ کانپ رہا ہے شراب میں

کھویا ہے میرا نام لبِ سرخ نے شکیبؔ
یا پھول رکھ دیا ہے کسی نے کتاب میں

۵۲

○

کیا کہیے کہ اب، اس کی صدا تک نہیں آتی
اونچی ہوں فصیلیں تو ہوا تک نہیں آتی

شاید ہی کوئی آئے اس موڑ سے آگے
اس موڑ سے آگے تو قضا تک نہیں آتی

وہ گل نہ رہے، تہمتِ گل خاک سہے گی
یہ سوچ کے گلشن میں صبا تک نہیں آتی

اس شورِ تلاطم میں کوئی کس کو پکارے
کانوں میں یہاں اپنی صدا تک نہیں آتی

خوددار ہوں کیوں آؤں درِ اہلِ کرم پر
کھیتی کبھی خود چل کے گھٹا تک نہیں آتی

۵۵

اس دشت میں قدموں کے نشاں ڈھونڈ رہے ہو
پیڑوں سے جہاں چھن کے ضیا تک نہیں آتی

یا جاتے ہوئے مجھ سے لپٹ جا تی نہیں نفیں
یا میرے بلانے سے صبا تک نہیں آتی

کیا خشک ہوا روشنیوں کا وہ سمندر
اب کوئی کرن آبلہ پا تک نہیں آتی

چھپ چھپ کے سدا جھانکتی ہیں خلوتِ گل میں
مہتاب کی کرنوں کو حیا تک نہیں آتی

یہ کون بنائے عدم آباد ہے کیسا!
ٹوٹی ہوئی قبروں سے صدا تک نہیں آتی

بہتر ہے، پلٹ جاؤ سیہ خانۂ عدم سے
اس سرد گھڑی میں تو ہوا تک نہیں آتی

۵۶

جب تک غمِ جہاں کے حوالے ہوئے نہیں
ہم زندگی کے جاننے والے ہوئے نہیں

کتنا ہے آفتاب، ذرا دیکھنا کہ ہم
ڈوبے تھے گہری رات میں، کالے ہوئے نہیں

پگھلتے ہوئے سیزناں کے دھرتی پہ کس لیے
تم آسماں تو سر پہ سنبھالے ہوئے نہیں

انمول وہ گہر ہیں جہاں کی نگاہ میں
دریا کی جو تہوں سے نکالے ہوئے نہیں

طے کی ہے ہم نے صورتِ مہتاب راہِ شب
طولِ سفر سے پاؤں میں چھالے پڑے نہیں

ڈس لیں تو اُن کے زہر کا آساں ہے اُتار
یہ سانپ آستین کے پالے ہوئے نہیں

شیشے کا کام ریشمِ گل سے لیا شکیبؔ
ہم سے پہاڑ کاٹنے والے ہوئے نہیں

۵۷

○

بجھتے صحراؤں میں پھیلا ہوتا
کاش میں پیڑوں کا سایا ہوتا

تو جو اس راہ سے گزرا ہوتا
تیرا ملبوس بھی کالا ہوتا

میں گھٹا ہوں نہ پون ہوں نہ چراغ
ہمنشیں میرا کوئی کیا ہوتا

زخم عریاں تو نہ دیکھے گا کوئی
میں نے کچھ بھیس ہی بدلا ہوتا

۵۸

زخم عریاں تو نہ دیکھے گا کوئی
میں سنے کچھ بھی ہیں بدلا ہوتا

کیوں سینے میں چھپا تا دریا
گر تجھے پار اترنا ہوتا

بن میں بھی ساتھ گئے ہیں سائے
میں کسی جا تو اکیلا ہوتا

مجھ سے ثقافت ہے سینہ کس کا
چاند اس جھیل میں اترا ہوتا

اور بھی ٹوٹ کے آتی تری یاد
میں جو کچھ دن تجھے بھولا ہوتا

راکھ کر دیتے جلا کر شعلے
یہ دھواں دل میں نہ پھیلا ہوتا

۵۹

کچھ تو آتا مری باتوں کا جواب
یہ کنواں اور جو گہرا ہوتا

نہ بکھرتا جو فضا میں نغمہ
سینۂ نے میں تڑپتا ہوتا

اور کچھ دور تو چلتے مرے ساتھ
اور اک موڑ تو کاٹا ہوتا

تھی مقدر میں خزاں ہی تو شکیبؔ
میں کسی دشت میں مہکا ہوتا

روشنی اے روشنی (شاعری) — شکیب جلالی

۶۰

ملا نہیں اذنِ رقصِ جن کو، کبھی تو وہ بھی سبزار دیکھو
اگر ہوا اہلِ نگاہ یا رو، چٹان کے آر پار دیکھو
یہ جان لینا، دہاں بھی کوئی کسی کی آمد کا منتظر تھا
کسی مکاں کے جو بام و در پر نچھے دیوں کی قطار دیکھو
اگر چہ بے خانماں ہیں، لیکن سہارا ملنا نہیں ہے مشکل
ادھر ہی صحرا میں دوڑ پڑنا، جدھر سے اٹھتا غبار دیکھو
عجب نہیں ہے پہاڑیوں پر شفق کا سونا گھل رہا ہو
'مکانِ تیرہ کے روزنوں ہیں یہ نور کے آبشار دیکھو
جو ابرِ رحمت سے ہو نہ پایا، کیا ہے وہ کام آندھیوں نے
نہیں ہے خار و گیاہ باقی، چپک اٹھا ریگزار دیکھو

۶۱

وہ راگ خاموش ہو چکا ہے سنانے والا بھی سو چکا ہے
لرز رہے ہیں مگر ابھی تک شکستہ رباط کے تار ذرا دیکھو
اک آہ بھر نا نصیب ہم سے خزاں نصیبوں کو یاد کر کے
کلائیوں میں جو ٹہنیوں کی مہکتی کلیوں کے ہار کھیو

غمِ الفت مرے چہرے سے عیاں کیوں نہ ہوا
آگ جب دل میں سلگتی تھی، دھواں کیوں نہ ہوا

سیلِ غم رکتا نہیں ضبط کی دیواروں سے
جوشِ گریہ تھا تو میں گریہ کناں کیوں نہ ہوا

کہتے ہیں، حسنِ خد و خال کا پابند نہیں
ہر حسیں شے پہ مجھے تیرا گماں کیوں نہ ہوا

دشت بھی اس کے مکیں، شہر بھی اس میں آباد
تو جہاں آن بسے دل وہ مکاں کیوں نہ ہوا

ق

تو وہی ہے جو مرے دل میں چھپا بیٹھا ہے
اک یہی راز کبھی مجھ پہ عیاں کیوں نہ ہوا

یہ سمجھتے ہوئے، مقصودِ نظر ہے تُو ہی
میں ترے حُسن کی جانب نگراں کیوں نہ ہوا

اس سے پہلے کہ ترے لمس کی خوشبو کھو جائے
تجھ کو پا لینے کا ارمان جواں کیوں نہ ہوا

—

تپتے صحرا تو مری منزلِ مقصود نہ تھے
میں کہیں ہمسفرِ ابرِ رواں کیوں نہ ہوا

اجنبی پر تو یہاں لطف سوا ہوتا ہے
میں بھی اس شہر میں بے نام و نشاں کیوں نہ ہوا

نارسائی تھی مرے شوق کا حاصل تو شکیب
مائلِ راہ کوئی سنگِ گراں کیوں نہ ہوا

منظر تھا اک، انجاڑ گئے ہوں کے سامنے
کیا کیا نہ رنگ بھر دیے افسونِ شام نے

اس حادثے کی نخوتِ ساقی کو کیا خبر
بادہ پیا کہ زہر پیا تشنہ کام نے

چہرے سے اجنبی تھا وہ میرے لیے مگر
سب راز اس کے کہہ دیے طرزِ خرام نے

نکلا نہیں ہوں آج بھی اپنے حصار سے
مدِ نگاہ آج بھی ہے میرے سامنے

تھے حادثوں کے وار تو کاری مگر مجھے
مرنے نہیں دیا خلشِ انتقام نے

اک سائل کی طلب جو ٹوٹی تو دیکھیے
دوڑے ہیں لوگ جسم کے خیمے کو تھامنے

اب آپ ر ہر دل جو کشادہ نہیں رکھتے
ہم بھی سفرِ جاں کا ارادہ نہیں رکھتے

پینا ہو تو اک جرعۂ زہراب بہت ہے
ہم تشنۂ دہن تہمتِ بادہ نہیں رکھتے

اشکوں سے چراغاں ہے شبِ زیست تو وہ بھی
کوتاہئ مژگاں سے زیادہ نہیں رکھتے

یہ گردِ رہِ شوق ہی جم جائے بدن پر
رسوا ہیں کہ ہم کوئی لباسادہ نہیں رکھتے

ہر گام پہ جگنو سا چمکنا ہے جو دل میں
ہم اس کے سوا مشعلِ بادہ نہیں رکھتے

سرخی نہیں پھولوں کی تو زخموں کی شفق ہے
دامانِ طلب ہم کبھی سادہ نہیں رکھتے

جو بھی ہے طالبِ یک ذرّہ، اُسے صحرا دے
مجھ پہ مائل بہ کرم ہے، تو دلِ دریا دے

کب سے لبوں پہ حسرتِ یک نغمہِ گرم، کہ جو
محفلِ شوق کے آداب مجھے سمجھا دے

خلشِ غم سے مری جاں پہ بنی ہے، بیسے
ریشمیں نالوں کو کانٹوں پہ کوئی پھیلا دے

رختِ جاں کوئی ٹھکانے ادھر ابھی نہ سکے
ایسے مشکل تو نہیں دشتِ وفا کے جانے

بیتی یادوں کا تقاضا تو بجا ہے، لیکن
گردشِ شام و سحر کیسے کوئی ٹھہرا دے

مجھ کو زنداں میں بھی مل جائے گا عنوانِ غزل
نکہتِ گل کو کریں قیدِ خیاباں زادے

موجِ غم اس لیے شاید نہیں گزری سر سے
میں جو ڈوبا تو نہ اُبھروں گا کبھی ساگر سے

اور دنیا سے بھلائی کا صلہ کیا ملتا
آئنے میں نے دکھایا تھا کہ پتھر برسے

کتنی گم صم مرے آنگن سے صبا گزری ہے
اک شرر بھی نہ اُڑا روح کی خاکستر سے

پیار کی جوت سے گھر گھر ہے چراغاں ورنہ
ایک بھی شمع نہ روشن ہو ہَوا کے ڈر سے

اُڑتے بادل کے تعاقب میں پھر گئے کب تک
در کی دہشت میں نکلا نہیں کرتے گھر سے

کتنی رعنائیاں آباد ہیں میرے دل میں
اک خرابہ نظر آتا ہے مگر باہر سے

وادیٔ خواب میں اس گل کا گزر کیوں نہ ہوا
رات بھر آتی رہی جس کی مہک بستر سے

طعنِ اغیار سنیں آپ خموشی سے شکیبؔ
خود پلٹ جاتی ہے ٹکرا کے صدا پتھر سے

۶۹

○

تو نے کیا کیا نہ اے زندگی! دشت و در میں پھرایا مجھے
اب تو اپنے در و بام بھی جانتے ہیں پرایا مجھے

اور بھی کچھ بھڑکنے لگا میرے سینے کا آتش کدہ
راس مجھ بن نہ آیا کبھی سبز پیڑوں کا سایا مجھے

ان نئی کونپلوں سے مرا کیا کوئی بھی تعلق نہ تھا
شاخ سے توڑ کر لائے صبا، خاک میں کیوں ملایا مجھے

درد کا دیپ جلتا رہا، دل کا سونا نگلتا رہا
اک پہ ڈوبے ہوئے چاند نے رات بھر خوں رلایا مجھے

اب مرے راستے میں کہیں خوفِ صحرا بھی حائل نہیں
خشک پتے سنے آوارگی کا قرینہ سکھایا مجھے

مدّتوں رُوئے گُل کی جھلک کو ترستا رہا میں شکیب
اب جو آئی بہار، اس نے صحنِ چمن میں نہ پایا مجھے

روشنی اے روشنی (شاعری) — شکیب جلالی

۵

اُتر گیا تنِ نازک سے تتلیوں کا لباس
کسی کے ہاتھ نہ آئی مگر گلاب کی باس
اب اپنے جسم کے سائے میں تھک کے بیٹھ رہوں
کہیں درخت نہیں راستے میں دُور نہ پاس
ہزار رنگ کی ظلمت میں لے گئی مجھ کو
بس ایک چراغ کی خواہش میں اک شرار کی آس
تمہارے کام نہ آئے گا جو بھی دانا ہے
ہر ایک شخص پہ کیوں کرتے ہو اپنا قیاس
کسی کی آس تو ٹوٹی، کوئی تو ہنسا کب
کہ نیم باز دریچوں میں روشنی ہے اُداس
وہ کالے کوس کی دُوری اب ایک لمحے اب کی
تم آ گئے ہو مگر کب نہ تھے ہمارے پاس
یہ کیا طلسم ہے جب جب کنارِ دریا ہوں
شکیبؔ اور بھی کچھ بڑھ گئی ہے رنج کی پیاس

۱

اس خاکداں میں اب تک باقی ہیں کچھ شررسے
دامن بچا کے گزر دیا دوں کی رہگزر سے

ہر قدم پہ آنکھیں بچھیں فرشِ راہ لیکن
وہ روشنی کا ہالا اُترا نہ بام پر سے

کیوں جادۂ وفا پر مشعل بکف کھڑے ہو
اس سیلِ تیرگی میں نکلے گا کون گھر سے

کس دشت کی صدا ہو، اتنا مجھے بتا دو
ہر سُو بچھے ہیں رستے آؤں تو میں کدھر سے

اُجڑا ہوا مکاں ہے یہ دل، جہاں پہ ہر شب
پرچھائیاں لپٹ کر روتی ہیں بام و در سے

اب میسر نہیں فرصتِ کے وہ دن رات نہیں
لے اُڑی جانے کہاں صر صر حالات ہمیں
آج وہ یوں نگہِ شوق سے بچ کر گزرے
جیسے یاد آئے کوئی بھُولی ہوئی بات نہیں
کیسے اُڑتے ہوئے لمحوں کا تعاقب کیجے
دوستو! اب تو یہی فکر ہے دن رات ہمیں
نہ سہی، کوئی ہجومِ گُل و لالہ، نہ سہی
دشت سے کم بھی نہیں کنج خیالات ہمیں
وہ اگر غیر نہ سمجھے تو کوئی بات کریں
دلِ ناداں سے بہت سی شکایات ہمیں
دھوپ کی مار ہے تُو سایۂ دیوار ہیں ہم
آج بھی ایک تعلق ہے ترے ساتھ ہمیں
رنگ و مستی کے جزیروں میں لیے پھرتے ہیں
اس کی پائل سے چُرائے ہوئے نغمات ہمیں

۲۳

آگ کے درمیان سے نکلا ۔۔۔ میں بھی کسی امتحان سے نکلا
پھر ہوا سے سلگ اٹھے پتے ۔۔۔ پھر دھواں گلستان سے نکلا
جب بھی نکلا ستارۂ امید ۔۔۔ کہکشاں کے درمیان سے نکلا
چاندنی جھانکتی ہے گلیوں میں ۔۔۔ کوئی سایہ مکان سے نکلا
ایک شعلہ، پھر اک دھونیں کی لکیر ۔۔۔ اور کیا خاکدان سے نکلا
چاند جس آسمان میں ڈوبا ۔۔۔ کب اسی آسمان سے نکلا
یہ گہر جس کو آفتاب کہیں ۔۔۔ کس اندھیرے کی کان سے نکلا
شکر ہے اس نے بے وفائی کی ۔۔۔ میں کڑے امتحان سے نکلا
لوگ دشمن ہوئے اسی کے شکیبؔ
کام جب مہربان سے نکلا

شکیب جلالی

وہ سامنے تھا پھر بھی کہاں کہاں سامنا ہوا
رہتا ہے اپنے نور میں سورج چھپا ہوا

اے روشنی کی لہر، کبھی تو پلٹ کے آ
تجھ کو بلا رہا ہے دریچہ کھلا ہوا

سیراب کس طرح ہو زمیں دور دور کی
ساحل سنے ہے ندی کو مقید کیا ہوا

اے دوست، چشمِ شوق نے دیکھا ہے بار ہا
بجلی سے تیرا نام گھٹا پر لکھا ہوا

پہچانتے نہیں اسے محفل میں دوست بھی
چہرہ ہو جس کا گردِ الم سے اٹا ہوا

اس دور میں خلوص کا کیا کام اے شکیبؔ
کیوں کر چلے بساطِ پہ مہرہ پٹا ہوا

۵۷

○

تارے ہیں، نہ ماہتاب یار دو
کچھ اس کا بھی سدِ باب یار دو

آنکھوں میں چتائیں جل رہی ہیں
ہونٹوں پہ ہے آب آب یار دو

تا حدِ خیال ریگِ صحرا
تا حدِ نظر ہے سراب یار دو

رہبر ہی نہیں ہے ساتھ اپنے
رہزن بھی نہیں ہم رکاب یار دو

شعلے سے جہاں لپک اٹھے ہیں
برسے گا وہیں سحاب یار دو

۷۶

سمجھ سکو تو یہ تشنہ لبی سمندر ہے
بقدرِ نظرِ تشنہ ہر اک آدمی سمندر ہے

الجھے کے ڈوب گئی کشتیِ خیال کہیں
یہ چاند ایک بھنور، چاندنی سمندر ہے

جو داستاں نہ بنے در و بام کیراں ہے دہی
جو آنکھ بھی میں رہے وہ نمی سمندر ہے

نہ سوچیے تو بہت مختصر ہے سیلِ حیات
جو سوچیے تو یہی زندگی سمندر ہے

تو اس میں ڈوب کے شاید ابھر سکے نہ کبھی
مرے حبیب! امری خامشی سمندر ہے

۷۷

○

اب یہ ویران دن کیسے ہوگا بسر
رات تو کٹ گئی درد کی سیج پر

بس یہیں ختم ہے پیار کی رہگزر
دوست اگلات دم کچھ سمجھ سوچ کر

اس کی آواز پا تو بڑی بات ہے
ایک پتّہ بھی کھڑکا کا نہیں رات بھر

گھر میں طوفان آئے زمانہ ہوا
اب بھی کانوں میں بجتی ہے زنجیرِ در

۸۷

اپنا دامن بھی اب تو بہتر نہیں
کتنے ارزاں ہُئے آنسوؤں کے گہر

یہ شکستہ قدم بھی ترے ساتھ تھے
اے زمانے ٹھہر! اے زمانے ٹھہر!

اپنے غم پر تبسم کا پردہ نہ ڈال
دوست، ہم ہیں سوار ایک سی ناؤ پر

دستکیں دیتی ہیں شب کو در دل پر یادیں
کچھ نہیں ہے مگر اس گھر کا مقصد ہے یادیں
ڈھونڈتی ہیں تری مہکی ہوئی زلفوں کی بہار
چاندنی رات کے زینے سے اُتر کر یادیں
عشرتِ رفتہ کو آواز دیا کرتی ہیں
ہر نئے لمحے کی دہلیز پہ جا کر یادیں
رنگ بھرتے ہیں خلاؤں میں ہیولے کیا کیا
پیش کرتی ہیں عجب خواب کا منظر یادیں
نہ کسی زلف کا عنبر، نہ گلوں کی خوشبو
کر گئی ہیں مری سانسوں کو معطر یادیں
کم نہیں رات کے صحرا سے مرے دل کی قضا
اور آکاش کے تاروں سے فزوں تر یادیں
مشعلِ غم نہ بجھا دے شکیب اس کے بغیر
راستہ گھر کا بھلا دیتی ہیں اکثر یادیں

روشنی اے روشنی (شاعری)   شکیب جلالی

○

کون جانے کہاں ہے شہرِ سکوں
قریہ قریہ بھٹک رہا ہے جنوں
نورِ منزل مجھے نصیب کہاں
میں ابھی حلقۂ غبار میں ہوں
یہ ہے تاکید سننے والوں کی
واقعہ خوشگوار ہو تو کہوں
کن اندھیروں میں کھو گئی ہے سحر
چاند تاروں پہ مار کر شبخوں
تم جسے نورِ صبح کہتے ہو
میں اسے گردِ شام بھی نہ کہوں
اب تو خونِ جگر بھی ختم ہوا
میں کہاں تک خلا میں رنگ بھروں
جی میں آتا ہے پےِ ردِ ظلمت
کہکشاں کو مروڑ کر رکھ دوں

۸۱

○

کہاں رُکیں گے مُسافر نئے زمانوں کے
بدل رہا ہے جنوں زاویے اُڑانوں کے

یہ دل کا زخم ہے اک روز بھر ہی جائے گا
نگاہ پُر نہیں ہوتے فقط چٹانوں کے

چھلک چھلک کے بڑھا میری مست نیند کا بام
نکھل نکھل کے گرے قفل قید خانوں کے

ہَوا کے دشت میں تنہائی کا گزر ہی نہیں
مرے رفیق ہیں مطرب گئے زمانوں کے

کبھی ہمارے نقوشِ قدم کو ترسیں گے
وہی جو آج ستارے ہیں آسمانوں کے

۸۲

موجِ صبا رواں ہوئی، رقصِ جنوں بھی چاہیے
خیمۂ گل کے پاس ہی دجلۂ خوں بھی چاہیے

کشمکشِ حیات ہے، سادہ دلوں کی بات ہے
خواہشِ مرگ بھی نہیں، زہرِ سکوں بھی چاہیے

ضربِ خیال سے کہاں ٹوٹ سکیں گی بیڑیاں
فکرِ حسیں کے ہمرکاب جوشِ جنوں بھی چاہیے

نغمۂ شوق خوب تھا، ایک کمی ہے مطربا!
شعلۂ لب کی خیر ہو، سوزِ دروں بھی چاہیے

اتنا کرم تو کیجیے، بجھتا کنول نہ دیکھیے
زخمِ جگر کے ساتھ ہی دردِ فزدں بھی چاہیے

دیکھیے ہم کو غور سے، پوچھیے اہلِ جور سے
رُوحِ جمیل کے لیے، عالمِ زبوں بھی چاہیے

آئینۂ جذباتِ نہاں ہیں تری آنکھیں
اک کارگہِ شیشہ گراں ہیں تری آنکھیں

سرچشمۂ افکارِ جواں ہیں تری آنکھیں
تابندہ خیالات کی جاں ہیں تری آنکھ

اندازِ خموشی میں ہے گفتار کا پہلو
گویا نہ سہی، چپ بھی کہاں ہیں تری آنکھ

جاؤں گا کہاں توڑ کے زنجیرِ وفا کو
ہر سو مری جانب نگراں ہیں تری آنکھ

کہنا ہے وہی جس کی توقع ہے تجھے بھی
مت پوچھو مرے دل کی زباں ہیں تری آنکھ

پلکوں کے جھروکوں سے سبو جھانکتے ہیں
امید گرِ تشنہ لباں ہیں تری آنکھ

یوں ہی تو نہیں اڑتی چلی آتی ہیں غزلیں
پہلو میں مرے زمزمہ خواں ہیں تری آنکھیں

۸۴

پردۂ شب کی اوٹ میں زہرہ جمال کھو گئے
دل کا کنول بجھا تو شہر، تیرہ و تار ہو گئے

ایک ہمیں ہی اے سحر! نیند نہ آئی رات بھر
زانوئے شب پہ رکھ کے سر، سارے چراغ سو گئے

راہ میں تھے ببول بھی، رودِ شرر بھی، دھول بھی
جانا ہمیں ضرور تھا، گل کے طواف کو گئے

دیدہ ور بتائیں کیا، تم کو یقیں نہ آئے گا
چہرے تھے جن کے چاند سے، سینے میں داغ ہو گئے

داغِ شکستِ دوستو، دیکھو کسے نصیب ہو
بیٹھے ہوئے ہیں تیز زو، سست خرام تو گئے

اہلِ جنوں کے دل شکیبؔ نرم تھے موم کی طرح
تیشۂ یاس جب چلا، تو دہ سنگ ہو گئے

۸۵

○

رعنائیٔ نگاہ کو قالب میں ڈھالیے
پتھر کے پیرہن سے سراپا بنایے

گزرا ہے دل سے جو رمِ آہو سا اک خیال
لازم ہے اس کے پاؤں میں زنجیر ڈالیے

دل میں پرائے درد کی اک ٹیس بھی نہیں
تخئیل کی لگن ہے تو زخموں کو پالیے

یہ کہر کا ہجوم درِ دل پہ تا بہ کے
بامِ یقیں سے ایک نظر اس پہ ڈالیے

احساس میں رچائیے قوسِ قزح کے رنگ
اِدراک کی کمند ستاروں پہ ڈالیے

ہاں کوزہ ہائے گل پہ ہے تنقید کیا ضرور
گر ہو سکے تو خاک سے خورشید ڈھالیے

امید کی کرن ہو کہیں حسرتوں کے داغ
ہر دم نگاہِ حسنِ نہ دل کو اُجالیے

شاید کہ ان کی سمت بڑھے کوئی دشتِ تشنہ
رستے ہوئے گلاب فضا میں اُچھالیے

ہاں کوہِ شب کو کاٹ کے لانا ہے جوئے نور
ہاں بڑھ کے آفتاب کا نیزہ سنبھالیے

وجدان کی ترنگ کا مصرف بھی ہو شکیبؔ
شاعر کی عظمتوں کو ہنسی میں نہ ٹالیے

روشنی اے روشنی (شاعری) — شکیب جلالی

هوا نے شب سے نہ بجھتے ہیں اور نہ جلتے ہیں
کسی کی یاد کے جگنو دھواں اُگلتے ہیں

شبِ بہار میں مہتاب کے حسیں سائے
ادا سے پاک کہیں ، اور بھی پگھلتے ہیں

اسیرِ دامِ جنوں ہیں ، ہمیں رہائی کہاں
یہ رنگ و بوئے قفس اپنے ساتھ چلتے ہیں

یہ دل وہ کارگہِ مرگ و زیست ہے کہ جہاں
ستارے ڈوبتے ہیں، آفتاب ڈھلتے ہیں

خود اپنی آگ سے شاید گداز ہو جائیں
پرانی آگ سے کب سنگ دل پگھلتے ہیں

روشنی اے روشنی (شاعری) — شکیب جلالی

شاخو! بھری بہار میں رقصِ برہنگی!
مہکی ہوئی وہ چادرِ گل بار کیا ہوئی!

بے نغمہ و صدا ہے وہ بتخانۂ خیال
کرتے تھے گفتگو جہاں پتھر کے بُوٹ بھی

وہ پھر رہے ہیں زخم بہ پا آج دشت دشت
قدموں میں جن کے شاخِ گلی ترچکی رہی

یوں بھی بڑھی ہے وسعتِ ایوانِ رنگ و بُو
دیوارِ گلستاں درِ زنداں سے جا ملی

رعنائیاں چمن کی تو پہلے بھی کم نہ تھیں
اب کے مگر سجائی گئی شاخِ دار بھی

۸۹

حُسنِ فردا، عیشِ امروز سے ضو پائے گا
چاند ڈوبا ہے تو سورج بھی اُبھر آئے گا

اندھیروں میں بھی فروزاں ہے چراغِ اُمّید
خاک ڈالے سے یہ شعلہ کہیں بجھ جائے گا

کُو بہ کُو دام بچھے ہوں کہ گرفتنی ہو کماں
طائرِ دل' پرِ پرواز تو پھیلائے گا

توڑ کر حلقۂ شب' ڈال کے تاروں پہ کمند
آدمی عرصۂ آفاق پہ چھا جائے گا

ہم بھی دو چار قدم پہلے کے اگر بیٹھ گئے
کون پھر وقت کی رفتار کو ٹھہرائے گا

راہ میں جس کی' جیا خونِ دل و جاں ہم نے
وہ حسیں دُور بھی آئے گا، ضرور آئے گا

مجھ سے ملنے شبِ غم اور تو کون آئے گا
میرا سایہ ہے جو دیوار پہ جم جائے گا
ٹھہرو ٹھہرو، مرے اسنامِ خیالی ٹھہرو
میرا دل گوشۂ تنہائی میں گھبرائے گا
لوگ دیتے رہے کب کیا کیا نہ دلاسے مجھ کو
زخم گہرا ہی سہی، زخم ہے بھر جائے گا
عزم پختہ ہی سہی ترکِ وفا کا لیکن
منتظر ہوں کوئی آ کر مجھے سمجھائے گا
آنکھ جھپکے نہ کہیں، راہ اندیشی ہی سہی
آگے چل کر وہ کسی موڑ پہ مل جائے گا
دل سا انمول نگِ تن کون خریدے گا شکیبؔ
جب بکے گا تو یہ بے دام ہی بک جائے گا

مانندِ صبا بدھر گئے ہم
کلیوں کو نہال کر گئے ہم

زنجیر بپا اگر گئے ہم
نغموں کی طرح بکھر گئے ہم

سورج کی کرن تھے جانے کیا تھے
ظلمت میں اُتر اُتر گئے ہم

جب بھی کوئی سنگِ راہ دیکھا
طوفاں کی طرح بکھر گئے ہم

چننا تھا جہاں محال یارو!
اس راہ سے بھی گزر گئے ہم

بن جائیں گی منزلیں دہیں پر
جھولے سے جہاں ٹھٹر گئے ہم

ہنس ہنس کے گلے لے قضا سے
تکمیل نیات کر گئے ہم

○

ساحل سے دُور جب بھی کوئی خواب دیکھتے
جلتے ہوئے چراغ تہِ آب دیکھتے

ہم نے فضول چھیڑ دی زخمِ نہاں کی بات
چپ چاپ رنگِ خندۂ احباب دیکھتے

غم کی بس ایک موج نے جن کو ڈبو دیا
اے کاش وہ بھی حسنِ لبِ گرداب دیکھتے

بیتے دنوں کے زخم کریدے ہیں رات بھر
آئی نہ جن کو نیند وہ کیا خواب دیکھتے

کشکولِ شعر تم لیے پھرتے نہ ہم شکیبؔ
اُس ریشمیں بدن پہ جو خواب دیکھتے

روشنی اے روشنی (شاعری) — شکیب جلالی

۹۴

○

میٹے چشموں سے خنک چھاؤں سے دُور
زخم کھلتے ہیں ترسے گاؤں سے دُور

سنگِ منزل نے لہو اُگلا ہے
دو، ہم بادیدہ پیماؤں سے دور

کتنی شمعیں ہیں اسیرِ فانوس
کتنے یوسف ہیں زلیخاؤں سے دُور

کشتِ امید سلگتی ہی رہی
ابر برسا بھی تو صحراؤں سے دُور

جورِ حالات ، بھلا ہو تیرا
چین ملتا ہے شناساؤں سے دُور

ق

جنت منکر بلاتی ہے چلو
دیر و کعبہ سے، کلیساؤں سے دُور

رقصِ آتشنۂ سراں دیکھیں گے
دُور، اِن انجمن آراؤں سے دُور

جستجو ہے دُرِ یکتا کی شکیب
سیپیاں پھٹتے ہیں دریاؤں سے دُور

روشنی اے روشنی (شاعری)   شکیب جلالی

کچھ دن اگر یہی رہا دیوار و در کا رنگ
دیوار و در پہ دیکھنا خونِ جگر کا رنگ

نمٹوا نہیں ہوں مِنّتِ تیشہ کا ساماں
تخیل ہو۔ با تقاضائے سحر کا رنگ

دنیا غریبِ شعبدۂ جامِ جم ہو تی
دیکھے گا کون خونِ دل کوزہ گر کا رنگ

اٹھتے ہوئے دھوئیں کی فضا میں ہے اک لکیر
کیا پوچھتے ہو شمعِ سرِ رہگزر کا رنگ

دامانِ فصلِ گل پہ خزاں کی لگی ہے چھاپ
ذوقِ نظر پہ بار ہے برگ و ثمر کا رنگ

جمنے لگا شکیبؔ جو پلکوں پہ گردِ شب
آنکھوں میں پھیلنے لگا خوابِ سحر کا رنگ

ہر ایک بات ہے منتِ کشِ زباں لوگو
نہیں ہے کوئی بھی اپنا مزاج داں لوگو

کچھ اس طرح وہ حقائق کو سن کے چونک اُٹھے
بکھر گئیں سرِ محفل پہیلیاں لوگو

مرے لبوں سے کوئی بات بھی نہیں نکلی
مگر تراشیں لیں تم نے کہانیاں لوگو

بہارِ نو بھی انہیں پھر سجا نہیں سکتی
بکھر گئی ہیں جو پھولوں کی پتیاں لوگو

بڑا زمانہ ہوا آشیاں کو راکھ ہوئے
مگر نگاہ ہے اب تک دھواں دھواں لوگو

خطا معاف کرے مے سے شکیبؔ منکر ہے
اسے عزیز ہیں دنیا کی تلخیاں لوگو

ہم آج ہیں پسِ مولِ یارو
مرجھا گئے کھل کے پھول یارو

گزرے ہیں خزاں نصیب ادھر سے
پیڑوں پہ بھی ہے دھول یارو

آہستہ خیال، لالہ و گل
آہستہ نظر، ببول یارو

جب تک کہ ہوس رہی گلوں کی
کانٹے بھی رہے قبول یارو

ہاں کوئی خطا نہیں تمہاری
ہاں ہم سے ہوئی ہے بھول یارو

باقی ہے یہی ایک نشاں موسمِ گل کا
جاری رہے گلشن میں بیاں موسمِ گل کا

جب پھول مرے چاکِ گریباں پہ ہنسے تھے
لمحہ وہی گزرا ہے گراں موسمِ گل کا

نادان گھٹاؤں کے طلبگار ہو چکے ہیں
شعلوں کو بنا کر نگراں موسمِ گل کا

سوکھے کٹے پتوں کے جہاں ڈھیر سلیں ہیں
دیکھا تھا وہیں سیلِ رواں موسمِ گل کا

روشنی اے روشنی (شاعری) — شکیب جلالی

پاس رہ کے بھی بہت دور ہیں دوست
اپنے حالات سے مجبور ہیں دوست

ترکِ الفت بھی نہیں کر سکتے
ساتھ دینے سے بھی معذور ہیں دوست

گفتگو کے لیے عنواں بھی نہیں
بات کرنے پہ بھی مجبور ہیں دوست

یہ چراغ اپنے لیے رہنے دے
تیری راتیں بھی تو بے نور ہیں دوست

بھی پژمردہ ہیں محفل میں شکیبؔ
میں پریشاں ہوں، رنجور ہیں دوست

کوئی دیکھے تو سہی یار طرح حسن دار کا شہر
میری آنکھوں میں سجا ہے لبِ رخسار کا شہر

دشتِ احساس میں شعلہ سا کوئی لپکا تھا
اسی بنیاد پہ تعمیر ہوا پیار کا شہر

اس کی ہر بات میں ہوتا ہے کسی بھید کا رنگ
وہ طلسمات کا پیکر ہے کہ اسرار کا شہر

میری نظروں میں جُلفاں کا سماں رہتا ہے
میں کہیں جاؤں مرے ساتھ ہے دلدار کا شہر

١٠٢

یوں تری گرم نگاہی سے پگھلتے دیکھا
جس طرح کانچ کا گھر ہو مرے پندار کا شہر

دل کا آفاق سمٹتا ہی چلا جاتا ہے
اور پھیلے گا کہاں تک ذرہ و دیوار کا شہر

مسکراتے رہیں سینے کے دہکتے ہوئے داغ
دائم آباد رہے درد کی سرکار کا شہر

دیکھتی رہ گئی محراب حرم
ہائے انسان کی انگڑائی کا خم

جب بھی اوہام مقابل آئے
مثلِ شمشیر علی ذوالقلم

پر پرواز پہ یہ راز کھلا
پستیوں سے تھا بلندی کا بھرم

غم کی دیوار گری تھی جن پر
رہ دہی لوگ ہیں اے قصرِ ارم

چاندنی عنبر و پٹے جولاں
کہکشاں جادہ ابنِ آدم

ایک تارہ بھی نہ پامال ہوا
ایسے گزرے ہیں افلاک سے ہم

روشنی اے روشنی (شاعری)   شکیب جلالی

○

دنیا والوں نے چاہت کا مجھ کو صلہ انمول دیا
پیروں میں زنجیریں ڈالیں، ہاتھوں میں کشکول دیا
اتنا گہرا رنگ کہاں تجارت کے میلے آنچل کا
یہ کس نے رو رو کے آنگن میں اپنا کاجل گھول دیا
یہ کیا کم ہے اس نے بخشا ایک جھلکتا درد مجھے
وہ بھی ہیں جن کو بس نگوں کا اک چھکیلا خول دیا
مجھ سا بے مایہ اپنوں کی اور تو خاطر کیسا کرتا
جب بھی ستم کا پیکاں آیا، میں نے سینہ کھول دیا

۱۰۵

بیتے لمحے دھیان میں آ کر مجھ سے سوالی ہوتے ہیں
تو نے کس بنجر مٹی میں من کا امرت ڈول دیا
اشکوں کی اجلی کلیاں سج دیا سپنوں کے کنذن پھول
الفت کی میزان میں میں نے جو تھا سب کچھ تول دیا

روشنی اے روشنی (شاعری) — شکیب جلالی

○

برگ دل کی طرح ہے زرد ہوا
جھانکتی ہے کہاں کی گرد ہوا
دل میں یادوں کا زہر گھول گئی
کتنی قاتل ہے بن کی سرد ہوا
روز لاتی ہے ان کے پیغام
شہرِ خوباں سے کوچہ گرد ہوا

ق

دم نہ مارے مری طرح جو سے
اس زمانے کے گرم و سرد ہوا
میں ہوں شعلہ بجاں، چراغ بدست
ڈھونڈ کر لائے مجھ سا مَرد ہوا
سانس گھٹتی ہے شہرِ تن میں شکیبؔ
کس ہلاکی سے رہ نورد ہوا

روشن ہیں دل کے داغ، نہ آنکھوں کے شب چراغ
کیوں شام ہی سے بجھ گئے محفل کے سب چراغ

وہ دن نہیں، کرن سے کرن میں لگے جو آگ
وہ شب کہاں، چراغ سے جلتے تھے جب چراغ

تیرہ ہے خاکداں، تو فلک بے نجوم سہی
لائے کہاں سے مانگ کے دستِ طلب چراغ

روشن ضمیر آج بھی ظلمت نصیب ہیں
تم نے دیے ہیں پوچھ کے نام و نسب چراغ

۱۰۸

وہ تیرگی ہے دشتِ دفن میں کہ الاماں !
چکھے جو موجِ ریگ تو پائے لقب چراغ

دن ہو اگر تو رات سے تعبیر کیوں کریں
سورج کو اہلِ ہوش دکھاتے ہیں کب چراغ

اے بادِ تند ! وضع کے پابند ہم بھی ہیں
پتھر کی اوٹ لے کے جلائیں گے اب چراغ

یہ جلوہ گاہِ ناز تماشائیوں سے ہے
رونقِ جہاں کی انجمن آرائیوں سے ہے

روتے ہیں دل کے زخم تو ہنستا نہیں کوئی
اتنا تو فائدہ مجھے تنہائیوں سے ہے

دیوانۂ حیات کو اک شغل چاہیے
نادانیوں سے کام نہ دانائیوں سے ہے

قیدِ بیاں میں آتے جو ناگفتنی نہ ہو
وہ رابطہ کہ قلب کی گہرائیوں سے ہے

نادم نہیں ہوں داغِ فرومائگی یہ ہیں
تیرا بھرم بھی میری جبیں سائیوں سے ہے

دل میں لرزاں ہے ترا شعلۂ رخسار اب تک
میری منزل میں نہیں رات کے آثار اب تک

پھول مرجھا گئے، گلدان بھی گر کر ٹوٹا
کیسی خوشبو میں بسے ہیں در و دیوار اب تک

حسرتِ دارِ نہاں سے مرے دل میں شاید
یاد آتی ہے مجھے قامتِ دلدار اب تک

وہ اُجھاڑے کا کوئی سیلِ رواں تھا، کیا تھا
میری آنکھوں میں ہے اک ساعتِ دیدار انگبیں

تیشۂ غم سے ہوئی بروح تو ٹکڑے ٹکڑے
کیوں سلامت ہے مرے جسم کی دیوار اب تک

۱۱۱

○

دشتِ و صحرا اگر بسائے ہیں
ہم گلستاں میں کب سمائے ہیں

آپ نغموں کے منتظر ہوں گے
ہم تو فریاد لے کے آئے ہیں

ایک اپنا دیا جلانے کو
تم نے لاکھوں دیئے بجھائے ہیں

کیا نظر آئے گا ابھی ہم کو
یک بیک روشنی میں آئے ہیں

یوں تو سارا چمن ہمارا ہے
پھول جتنے بھی ہیں پرائے ہیں

جس قدر خود کو وہ چھپاتے ہیں
لوگ گرویدہ ہوتے جاتے ہیں

جو بھی ہمدرد بن کے آتے ہیں
غم کا احساس ہی جگاتے ہیں

عہدِ ماضی کے زرفشاں لمحے
شدتِ غم میں مسکراتے ہیں

خود کو بدنام کر رہا ہوں میں
ان پہ الزام آتے جاتے ہیں

اجنبی بن سکے جی رہا ہوں میں
لوگ مانوس ہوتے جاتے ہیں

چوٹ ہر گام پہ کھا کر جانا
قربِ منزل کے لیے مر جانا

ہم بھی کیا سادہ نظر رکھتے تھے
سنگ ریزوں کو گہر سمجھ جانا

مشعلِ درد جو روشن دیکھی
خانۂ دل کو منور جانا

رشتۂ غم کو رگِ جاں سمجھے
زخمِ خنداں کو گلِ تر جانا

یہ بھی ہے کارِ نسیمِ سحری
پتی پتی کو جدا کر جانا

اپنے حق میں وہی تلوار بنا
جسے اک پھونس سا پیکر جانا

دشمنوں پر کبھی تکیہ کرنا
اپنے سائے سے کبھی ڈر جانا

کاسۂ سر کو نہ دی زخم کی بھیک
ہم کو مجنوں سے بھی کمتر جانا

اس لیے اور بھی خاموش تھے ہم
اہلِ محفل نے سخنور جانا

روشنی اے روشنی (شاعری)   شکیب جلالی

نظمیں

روشنی اے روشنی (شاعری)   شکیب جلالی

پاداش

کبھی اس سبک رو ندی کے کنارے گئے ہی نہیں ہو
تمہیں کیا خبر ہے
وہاں ان گنت کھردرے پتھروں کو
سبیل پانیوں نے
ماتم ریلے، دھر گیت گا کر
اسٹ پکنی گو لائیوں کو ادا سونپ دی ہے

وہ پتھر نہیں تھا
جسے تم نے بے ڈول، اَن گھڑ سمجھ کر
پرانی چٹانوں سے ٹکرا کے توڑا
اب اس کے سلگتے تراشے
اگر پاؤں میں چبھ گئے ہیں
تو کیوں چینختے ہو؟

اندمال

شام کی سیڑھیاں کتنی کرنوں کا مقتل بنیں
بادِ مسموم نے توڑ کر کتنے پتے سپردِ خزاں کر دیے
بہہ کے مشکیزۂ ابر سے کتنی بوندیں زمیں کی غذا بن گئیں
غیر ممکن ہوا ان کا شمار ۔
تھک گئیں گننے والے ہر اک ہاتھ کی اُنگلیاں
"ان گنت" کہہ کے آگے بڑھا وقت کا کارواں

اَن گنت تھے مرے زخم دل
تو نئی کرنوں، بکھرتے سنبوسے، زرد پتوں، برستی ہوئی بوندیوں کی طرح
اور مرہم بھی نایاب تھا
لیکن اس روز دیکھا جو اک طفل نَو زاد کا خندۂ زیرِ لب
زخمِ دل مندمل ہو گئے سب کے سب!

جہت کی تلاش

یہاں درخت کے اوپر اُگا ہوا ہے درخت
زمین تنگ ہے (بیسے کبھی فراخ نہ تھی)
ہوا کا کال پڑا ہے ۔ نمی بھی عام نہیں
سمندروں کو بلو کر ۔ فضاؤں کو متفق کر
جنم دیے ہیں اگر چند ابر کے ٹکڑے
جمگھٹ بیا ہے انہیں یوں دراز شاخوں نے
کہ نیم جان تنے کو ذرا نم بسر نہ ہوئی

۱۲۲

جڑیں بھی خاک تلے ایک ہی لگن میں رواں
نہ تیرگی سے مفر ہے نہ روشنی کا سوال

زمیں میں پاؤں دھنسے ہیں، فضا میں ہاتھ بلند
نئی جہت کو لگے اب درخت میں پیوند

―――

دلاسہ

ہم ملے کب تھے
جدائی پر جو ہوں ویراں نگاہ و غمز بجاں
باتیں ہوں گرم ہات
لب ہوں لب پر مہرباں
اس پہ کیا موقوف ہے ربطِ بہم کی داستاں

رہگذارِ خاک پر
دور سے دور یہ پیڑوں کی قطاریں
لاکھ آتی ہوں نظر

۱۳۴

اپنے سر جو ڑے ہوئے
دریاں ان کے مگر
کب نہ خالی تھا غبارِ رہگزر

ہم ملے کب تھے
جدائی پر جو ہوں ویراں نگاہ و چشم تر

یاد

رات اک لڑکھڑاتے محبوب کے سے
ناگہاں سنگِ سرخ کی سِل پر
آئینہ گر کے پاش پاش ہوا
اور نُکیلی نُکیلی کرچوں کی
ایک بوچھاڑ دل کو چیر گئی

جاگتی آنکھیں

کس کو گماں تھا، اک نقطے کی آغوش اتنی کشادہ ہوگی
جس میں انت سرے تک رنگ بھری پہنائی
نقش مل کر رہ جانے گی

کس کو خبر تھی، انبیا نے بین کی گرد ایک لبادہ ہوگی
جس کے تلے صدیوں کی سربستہ دانائی
اپنی چھب دکھلانے گی

۱۲۷

کس کو یقیں تھا، دُور کے لمس کی تاثیر اتنی زیادہ ہوگی
جس سے سنگیں پیکر میں جامد رعنائی
رُوح کی نُدرت پائے گی

ایسی انہونی باتوں میں سچ کی کرنیں ٹانک چکا ہُوں
میں ان جاگتی آنکھوں کے گمبھیر طلسم میں جھانک چکا ہوں

گریز پا

دیرے دیرے گر رہی تھیں نخلِ شب سے چاندنی کی پتیاں
بہتے بہتے ابر کا ٹکڑا کہیں سے آ گیا تھا درمیاں
ٹھٹے ٹھنے رہ گئی تھیں تھیلیں سبزہ پہ دو پرچھائیاں
جس طرح پینے کے چھٹولے سے کوئی اندھے کنوئیں ہیں جاگ گئے
نا گہاں کچلا گئے تھے مشرگیں آنکھوں کے نورانی دِیے
جس طرح شور ِ جرس سے کوئی وامانذہ مسافر چونک اُٹھے
یک بیک گھبرا کے وہ نکلی تھی میرے بازوؤں کی قید سے
لب سلگتے رہ گئے تھے ، چھن گیا تھا جام بھی
اور میری بے بسی پر ہنس پڑی تھی چاندنی

آج تک احساس کی ملجھن سے الجھا ہے یہ مبہم سا سوال
اُس نے آخر کیوں بُنا تھا بہکی نظروں سے حسین حیرت کا جال؟

لرزتا دیپ

دُودِ شب کا سرد ہات
آسماں کے خیمۂ زنگار کی
آخری قندیل گل کرنے بڑھا
اور کومل چاندنی
ایک دربستہ گھروندے سے پرے
مضمحل پیڑوں پہ گر کر بجھ گئی

بے نشاں سائے کی دھیمی چاپ پر
اُدھڑتے رستے کے ہر درّے نے پل بھر کے لیے
اپنی پلکوں کی نجمی درزوں سے جھانکا
اور آنکھیں موند لیں

اس کے طاقِ شکستہ پر دِ ائتے دیپ سے
میں نے پوچھا :
ہم نفس !
اب ترے بجھنے میں کتنی دیر ہے ؟

―――

سفیر

میں روشنی کا مغنی، کرن کرن کا سفیر

وہ بیل ہوں سے کہ رودِ بہار سے آئے

وہ جام مے سے کہ چشم نگار سے آئے

وہ موجِ باد سے یا آبشار سے آئے

وہ دستِ گُل سے کہ پائے نگار سے آئے

وہ لوحِ جاں سے کہ طاقِ مزار سے آئے

وہ قصرِ خواب سے یا خاک زار سے آئے

وہ برگِ سبز سے یا چوب دار سے آئے

جہاں کہیں ہو دلِ دار کی تنویر،

وہیں کھُلیں مری بانہیں، وہیں کٹے زنجیر

اِنفرادیّت پرست

ایک انساں کی حقیقت کیا ہے
زندگی سے اسے نسبت کیا ہے
آندھی اُٹھے تو اُڑا لے جائے
موج بپھرے تو بہا لے جائے
ایک انساں کی حقیقت کیا ہے
ڈگمگائے تو سہارا نہ ملے
سامنے ہو پھر کسی را نہ ملے
ایک انساں کی حقیقت کیا ہے
کند تلوار مسلّم کر ڈالے
سرد شعلہ ہی بسم کر ڈالے
زندگی سے اسے نسبت کیا ہے
ایک انساں کی حقیقت کیا ہے

عکس اور میں

آبجو میں اک طلسمی عکس اُبھرا تھا ابھی
دبکے عارض ۔۔۔ آئینے میں تیز شعلوں کی ضیا
احمریں لب ۔۔۔ زخمِ تازہ موجِ خوں سے آشنا
تنکے سے ابرو ۔۔۔ لوحِ زیں پر دھوئیں کا خط کھنچا
بکھرے گیسو ۔۔۔ کالی راتوں کا ملائم ڈھیر سا
بہتی افشاں ۔۔۔ جگمگاتی مشعلوں کا قافلہ
گہری آنکھیں ۔۔۔ دُور تک منتظر شہ پائے خواب کا
آبجو میں اک طلسمی عکس اُبھرا تھا ابھی

روشنی اے روشنی (شاعری) — شکیب جلالی

نقرئی پانی کے جو آئنے میں جھلمل کر رہی تھی، کون تھی
حوریتی تخئیل کے دنوں کی یاد جب پری تھی، کون تھی
اس ہچیلی کی گرہ کھلنے سے پہلے ہی نگاہوں پر مری
ریشمیں قدموں کی آہٹ سے خلا کی سبز چلمن آ گری

آبجو میں نرم لہروں کا خرام بے حجراں
یا کفِ ساحل پہ میرے نقشِ پا تھے اور میں !

―――

دعوتِ فکر

کس طرح ریت کے سمندر میں   کشتیٔ زیست ہے رواں، سوچ
سُن کے بادِ صبا کی سرگوشی   کیوں لرزتی ہیں تتلیاں، سوچ
پتھروں کی پناہ میں کیوں ہے   آئینہ ساز کی دکاں، سوچ
اصل سرچشمہ ومنِ کیا ہے   وجہِ بے مہریِ بتاں سوچ
ذاتِ تعمیر کیوں نہیں ٹلتا   کیوں اُجڑتی ہیں بستیاں سوچ
قتلِ سقراط ہے کہ زہر کا گھونٹ   باعثِ عمرِ جاودُاں سوچ
لوگ معنی تراش ہی لیں گے
کوئی بے ربط داستاں سوچ

زاویے

رات یتھی، میں تھا اور اک میری سوچ کا جال
پاس سے گزرتے تین مسافر، دھیمی چپال
پہلا بولا ۔۔۔ مت پوچھو اس کا احوال
دیکھو لوٹن پر خون کی فرغل، خون کی شال
دوسرا بولا ۔۔۔ اور ہی کچھ ہے میرا خیال
یہ تو خزاں کا چاند ہے گھائل، غم سے نڈھال
تیسرا بولا ۔۔۔ بس یوں سمجھو اس کی مثال
اندھیارے کے بن میں جیسے شب کا غزال
ان کی روح یتھی خود کالی، پیلی اور لال
میرا وجود ہے ورنہ اب تک ایک سوال

ہمارا دور

گلوں میں حسنِ شگوفوں میں بانکپن ہوگا
وہ وقت دور نہیں جب چمن چمن ہوگا

جہاں پہ آج بگولوں کا رقص جاری ہے
وہیں پہ سایۂ شمشاد و نسترن ہوگا

فضائیں زر د لباد سے انار پھینکیں گی
عروسِ وقت کا زرقہ عقیق یمن ہوگا

نسیمِ صبح کے تیجو نکلے جواب دہ ہوں گے
کسی کلی کا بھی ماتھا جو پُرشکن ہوگا

نئے اصول نئی منزلیں تراشیں گے
یہ قافلہ مرے انجم میں خیمہ زن ہوگا

۱۳۸

بڑے سکون سے تعمیرِ زندگی ہوگی
کہیں یزید نہ آذر نہ اہرمن ہوگا

بتا ان عصر کے حسّاس کو با خبر کر دو
نئے زمانے کا ہر فرد بُت شکن ہوگا

دکھے دلوں کی خراشیں جو کر سکے محسوس
اک ایسا صاحبِ دل صدرِ انجمن ہوگا

ہمارا دردِ مساوات لے کے آئے گا
ہمارے دَور میں ہر سُو آدمی مگن ہوگا

―――

شہرِ گُل

کچھ نہ تھا سوئے رفتارِ صبا کا حاصل
نکہتِ گل کی پھواروں پہ کڑے پہرے تھے
چمپئی بیل کے ستیاں نمو پر قدغن
سرو و سوسن کی قطاروں پہ کڑے پہرے تھے
حلقہ برق میں ارباب گلستاں محبوس
دم مخمور راہگزاروں پہ کڑے پہرے تھے
دفعتاً شور ہوا ٹوٹ گئیں زنجیریں
زمزمہ ریز ہوئیں مہر بلب تصویریں

روشنی اے روشنی (شاعری) شکیب جلالی

۱۲۰

دو گھڑی کے لیے گھر گھر میں چراغاں سا ہوا
جیسے ضو کار کی انجم پہ کوئی قید نہیں

بند کلیوں نے تراشے ہ لبوں کو کھولا
پھول سمجھے کہ تبسم پہ کوئی قید نہیں

گھنگریاں باندھ کے پیڑوں میں صبا اٹھلائی
جیسے اندازِ ترنم پہ کوئی قید نہیں

یہ فقط خواب تھا، اس خواب کی تعبیر بھی ہے
شہرِ گل میں کوئی ہنستی ہوئی تصویر بھی ہے

___

خداوندانِ جمہور سے!

عروسِ صبح سے آفاق ہمکنار سہی

شکستِ سلسلۂ قیدِ انتظار سہی

نگاہِ مہر جہاں تاب کیوں ہے شرمندہ

شفقت کا رنگ شہیدوں کی یادگار سہی

بکھرتے خواب کی کڑیوں کو آپ چن لیجے

کیا تھا عہد جو ہم نے وہ پائیدار سہی

ہجومِ لالہ و ریحاں سے داد چاہتے ہیں

یہ چاک چاک گریباں گلے کا ہار سہی

لگے جو زخمِ رگِ جاں، شریکِ جشنِ حیات

پیے جو ساغرِ زہراب، بادہ خوار سہی

چمن میں رنگِ طرب کی کوئی کمی نہ تھی
ہمارا خونِ جگر غازۂ بہار رہی سہی

تھکن سے چُور ہیں پاؤں کہاں کہاں بھٹکیں
ہر ایک گام نیا حسنِ رہگزار رہی سہی

سکوں بدوش کنارا ابھی اب اُبھر آئے
سفینہ ہائے دل و جاں بھنور کے پار رہی سہی

———

نئی کرن

جہاں پناہ! اِسے سکنے لگی چراغ کی لو
شعاعِ تازہ سے چھٹنی ہے سینۂ ظلمات
بلند بام ہراساں ہیں رفعتِ شینوں سے
اک ایسے موڑ پہ آئی ہے گردشِ حالات
جسے بھی دیکھیے لب پہ سجائے پھرتا ہے
نرالے دور کا قصّہ اچھوتے دَور کی بات
جہیں تھا حکمِ خموشی وہی پکار اُٹھے
ہمیں بھی اذنِ تکلّم، ہمیں بھی اذنِ حیات

روشنی اے روشنی (شاعری) — شکیب جلالی

طلب ہوئی ہے جنہیں بے کراں اجالوں کی

سراب نجمُ و قمر سے بہل نہیں سکتے

نئی کرن سے اندھیرے دلوں میں بڑھی ہی سہی

نئی کرن کو اندھیرے نگل نہیں سکتے

جہاں پناہ! جمالِ سحر کی جو سُنے رواں

اُفق اُفق کو درخشاں بنا کے دم لے گی

پلک پلک سے مٹائے گی داغ اشکوں کے

نظر نظر کو تبسم سکھا کے دم لے گی

خزاں رسیدہ چمن ہوں کہ رات کے سیٹے

قدم قدم پہ شگوفے کھلا کے دم لے گی

ازل سے سینہ ویراں ہے منتظر جب کا

نفس نفس وہی خوشبو چلا کے دم لے گی

جشنِ عید

سبھی نے عید منائی مرے گلستاں میں
کسی نے پھول پروئے، کسی نے خار چُنے
بنامِ اذنِ تکلم، بنامِ جبرِ سکوت
کسی نے ہونٹ سئے، کسی نے گیت بُنے

بڑے غضب کا گلستاں میں جشنِ عید ہوا
کہیں تو بجلیاں کوندیں، کہیں چنار جلے
کہیں کہیں کوئی فانوس بھی نظر آیا
بطورِ خاص، مگر قلب داغدار جلے

عجب بستی عیدِ حسناں، عجب نظارنگ نشاط
کسی نے بادہ و ساغر، کسی نے اشک پیے
کسی نے اطلس و کمخواب کی قبا پہنی
کسی نے چاکِ گریباں، کسی نے زخم سئے

ہمارے ذوقِ نظارہ کو عید کے دن بھی
کہیں پہ سایہ ظلمت، کہیں پہ نور ملا
کسی نے دیدہ و دل کے کنول کھلے پائے
کسی کو ساغرِ احساس سخت چُور ملا

یہ فیضِ عید بھی پیدا ہوئی نہ یک رنگی
کوئی ملول، کوئی غم سے بے نیاز رہا
بڑا غضب ہے خداوندِ کوثر و تسنیم!
کہ روزِ عید بھی طبقوں کا امتیاز رہا

روشنی اے روشنی (شاعری) — شکیب جلالی

لہوترنگ

جنگِ آزادی ۱۸۵۷ء کے شہیدوں کی یاد میں!

(پہلی آواز)

ہمیں قبول نہیں زندگی اسیری کی
ہم آج طوق و سلاسل کو توڑ ڈالیں گے
ہمارے دیس پہ اغیار حکمراں کیوں ہوں
ہم اپنے ہاتھ میں لوح و قلم سنبھالیں گے
فضا مہیب سہی ، مرحلے کٹھن ہی سہی
سفینہ حلقۂ طوفاں سے ہم نکالیں گے
نقوشِ راہ اگر تیرگی میں ڈوب گئے
ہم اپنے خوں سے ہزاروں دیے جلائیں گے

(دوسری آواز)

جو لوگ لے کے اٹھتے ہیں علمِ بغاوت کا
انہیں خود اپنی ہلاکت پہ نوحہ خواں کر دو
بجھا دو گرمیِ سودا خوں کو ان کی آنکھوں میں
زبانیں کھینچ لو گدّی سے اُنہیں بے زباں کر دو
ہدف بناؤ دلوں کو سسکتے تیروں کا
سناں سے جسموں کو چھید و، شکستہ جاں کر دو
محل سرا کی حدوں تک کوئی پہنچ نہ سکے
بہ ایک گام پہ استادہ سولیاں کر دو

(پہلی آواز)

یہ غم نہیں کہ سردار آستے جلتے ہیں
ہمیں خوشی ہے' وطن کو جگاتے جاتے ہیں

۱۴۹

ہمارے بعد سی رات ڈھل تو جائے گی
دلوں میں شمعِ جنوں تو جلائے جاتے ہیں
ہمارے نقشِ قدم دیں گے منزلوں کا سراغ
ہمیں شکست نہ ہو گی بتائے جاتے ہیں

جہاں رہیں گی ہمارے لہو کی تحریریں
سدا بہار شگوفے کھلائے جاتے ہیں

―――

روشنی اے روشنی (شاعری) — شکیب جلالی

عید کی بھیک

حضور، آپ پرے مائی باپ، ان داتا

حضور، عید کا دن روز تو نہیں آتا

حضور، آج تو نذرِ علیؑ، نیازِ رسولؐ

حضور، آپ کے گھر میں ہو رحمتوں کا نزول

حضور، آنے والے جان و مال کی خیرات

حضور، آپ کے اہل و عیال کی خیرات

حضور، احمدِ مرسلؐ کی آل کا صدقہ

حضور، فاطمہؓ زہرا کے لال کا صدقہ

حضور، آپ کی اولاد و آبرو کی خیر

حضور، آپ کے بیٹے کی اور بہو کی خیر

حضور، آپ کے بچے جئیں اچھلیں پھُولیں
حضور، آپ عزیزوں کی ہر خوشی دیکھیں
حضور، آپ کو مولا سدا دستگی رکھے
حضور، آپ کی جھولی خدا بھری رکھے
حضور، نامِ خدا کا یہ خیر سے مدعا ہیں
حضور، آپ کے دل کی مرادیں برآئیں
حضور، آج گدا گر کو بھیک مل جائے
حضور، کب سے کھڑا ہوں میں ہاتھ پھیلائے
حضور، آنے دو آنے کی بات ہی کے لیے
حضور، آنکھیں چرانے کی بات ہی کے لیے
حضور، میری صداؤں پہ غور تو کیجے
فقیر یہ نہیں کہتا، گلے لگا لیجے

———

بنامِ اہلِ چمن

چمن میں، اہلِ چمن! فکرِ رنگ و بُو تو کرو
نئے نئے سے شگوفوں کو شعلہ رُو تو کرو

ابھی سے جشنِ بہاراں! ابھی سے شغلِ جنوں
کلی کلی کو گلستاں میں سرخ رُو تو کرو

یہیں پہ لالہ و گل کا ہجوم دیکھو گے
خلوصِ دل سے بہاروں کی آرزو تو کرو

یہ کیا کہ گوشۂ صحرا میں تھک کے بیٹھ گئے
اگر قیام کرو، نزدِ آبجو تو کرو

گھنیری چھاؤں کی وادی یہیں کہیں ہوگی
کڑکتی دھوپ میں سائے کی جستجو تو کرو

۱۵۳

بلندیوں کے مکینو! بہت اداس ہیں ہم
زمیں پہ آ کے کبھی ہم سے گفتگو تو کرد

تمہیں بھی علم ہو، اہلِ وفا پہ کیا گزری
تم اپنے خونِ جگر سے کبھی وضو تو کرد

نہیں ہے ریشم و کمخواب کی قبا، نہ سہی
ہمارے دامنِ صد چاک کو رفو تو کرد

نگارِ صبحِ گریزاں کی تابشوں کو کبھی
ہمارے خانۂ ظلمت کے رُو برو تو کرد

طلوعِ مہرِ درخشاں ابھی کہاں یا رب
سیاہ ہیوں کے افق کو لہو لہو تو کرد

―――――

روشنی اے روشنی (شاعری) — شکیب جلالی

اشعار

ہر شاخ سے گنے چھین لیے، ہر ڈال سے موتی بین لیے
اب کمی سنہرے کمیت نہیں ویرانے ہی ویرانے ہیں

○

کسی کا قرب اگر قربِ عارضی ہے شکیب
فراتِ یار کی لذت ہی پائیدار رہے

○

برا جو صحنِ گلستاں میں راج کانٹوں کا
صبا بھی پوچھنے آئی مزاج کانٹوں کا
ہم اپنے چاکِ قبا کو رفو تو کر لیتے
مگر وہی ہے ابھی تک مزاج کانٹوں کا

○

خاموشی کے دکھ جھیلو گے ہنستے بولتے شہروں میں
نغموں کی خیرات نہ بانٹو جنم جنم کے بہروں میں

○

بھاگتے سایوں کی چیخیں، ٹوٹتے تاروں کا شور
میں ہوں اور اک محشر بے خواب آدھی رات کو

○

ہمیں جیب و آستیں پر اگر خنجر بار ہونا
یہ شگفتِ گل کا موسم بڑا خوشگوار ہونا

○

دکھ زخمی ہوا جاتا ہے دو عالم کا محسوس
ایک انساں کو تری ذات سے دکھ پہنچا ہے

○

بات میری کہاں سمجھتے ہو
آنسوؤں کی زباں سمجھتے ہو

○

جس دم قفس میں موسمِ گل کی خبر گئی
اک بار قیدیوں پہ قیامت گزر گئی

اس طرح گوشش بر آواز ہیں! بات ستم
جیسے خاموشی مظلوم صدا رکھتی ہے

خوشی کی بات نہیں ہے کوئی فسانے میں
وگرنہ عذر نہ تھا آپ کو سنانے میں

ہائے وہ آگ کہ جو دل میں سلگتی ہی رہے
ہائے وہ بات کہ جس کا کبھی اظہار نہ ہو

اب انہیں بیسنتِ حالات گراں گزرے گی
بدگمانی ہے تو ہر بات اَکھرے گی

سحر میں حسن ہے کیسا، بہارِ شب کیسا ہے
جو دل شگفتہ نہیں ہے تو پھر یہ سب کیا ہے

جنگل جلے تو ان کو خبر تک نہ ہو سکی
چھائی گھٹا تو جھوم اُٹھے بستیوں کے لوگ

۱۵۷

○
آبلہ پائی کا ہم کو غم نہ تھا
رہنماؤں کی ہنسی اڑا پا گئی

○
کتنے ہی لوگ صاحبِ احساس ہو گئے
اک بے نوا کی چیخ بڑا کام کر گئی

○
اس گلبدن کی بو سے قبا یاد آ گئی
صندل کے جنگلوں کی ہوا بادِ آ گئی

○
چاند کی پُر بہار وادی ہیں
ایک دو نیزہ چن رہی ہے کیا س

○
پائلیں بجتی رہیں کان میں سودائی کے
کوئی آیا نہ گیا رات کے سناٹے ہیں

○
مجھ کو آمادۂ سفر نہ کرو
راستے پُر خطر نہ ہو جائیں

روشنی اے روشنی (شاعری) — شکیب جلالی

○

ہم نے گھبرا کے موند لیں آنکھیں ۔ جب کوئی تارہ ٹوٹتا دیکھا
سچ کہو میری یاد بھی آئی ۔ جب کبھی تم نے آئینہ دیکھا

○

گمرہی ہمیں شکیبؔ دے رہی ہے فریب
رہنما غلط نہیں، راستہ طویل ہے

○

کمتر نہ جانیں لوگ اُسے مردِ راہ سے
ہم نے گرا دیا ہے جسے اپنی نگاہ سے
یا میں بھٹک گیا ہوں سرِ رہگزر شکیبؔ
یا ہٹ گئی ہے منزل مقصود راہ سے

○

یہ لطف، زہر نہ بن جائے زندگی کے لیے
چلے تو آئے ہو تجدیدِ دوستی کے لیے
نہ جانے ہو گیا کیوں مسلمیں تجھے پا کر
بھٹک رہا تھا میں دلِ خود آگہی کے لیے

○
طلسمِ گردشِ ایّام کس طرح ٹوٹے
نظر علیل، جنوں خام، فکر آوارہ

○
ہم نے بے آزار دیا کیا حلقۂ شب سے
حاصل نہیں ہم کو اسی سورج کا اجالا

○
گو بجتے ہیں شکیبؔ اب خوابوں میں
آنے والی کسی صدی کے گیت

———→

ایک دلچسپ اور منفرد موضوع کا شعری مجموعہ

اردو شاعری میں تاج محل

مرتبہ : شجاع خاور

بین الاقوامی ایڈیشن منظر عام پر آچکا ہے